STADTFÜHRER

GIRONA

AUS WASSER UND STEIN

SEHENSWÜRDIGKEITEN

MUSEEN

STRECKEN

KULTURVERANSTALTUNGEN

ROUTEN IM AUTO

PRAKTISCHER FÜHRER

TRIANGLE BOOKS

Girona

EINE OFFENE STADT

Selten findet man eine so einzigartige Stadt wie Girona. Die Stadt wurde von den Menschen für Menschen geschaffen, und ihr wertvolles, architektonisches Erbe löscht dennoch in keinem Augenblick das vitale Leben in der Stadt aus. Girona wurde auf halbem Weg der Landverbindung zwischen den beiden Pyrenäenausläufern auf einem Hügel erbaut und von den Wassern des Onyar genährt. So ist ein beneidenswertes Gleichgewicht zwischen dem vorbeifließenden Wasser und dem fortdauernden Stein entstanden. Die alles überragende Kathedrale überschattet die kleinen Gassen, die zu ihr führen, und ist gleichzeitig das Haupt einer hierarchischen, ästhetischen Ordnung. Zu ihren Füßen entfaltet sich ein Paradies für die Liebhaber der Kunst und Kultur.

Wer im Auto anreist, sollte den Wagen bis zur Abfahrt lieber stehen lassen. Girona ist eine Stadt, die man zu Fuß am besten genießen kann. Man sollte sich nicht allzusehr von auf den Millimeter genauen Stadtplänen einschüchtern lassen und Angst davor haben, sich in diesem „Labyrinth aus Steinen" zu verlieren, wie im Volksmund die Altstadt genannt wird, denn es ist ein häusliches Labyrinth, das niemanden betrügt.

Ein Spaziergang über die Stadtmauern, welche die Stadt umgeben und zu einem wundervollen, erhöhten Spazierweg umgebaut wurden, ist unerlässlich. Diese Mauern sind die deutlichste Metapher für die Veränderung einer Gemeinschaft, die ihre alten Ängste beiseite gelassen hat und nun voller Stolz ihre ganze Schönheit zeigt. Die Gesellschaft der Stadt Girona wird oft als etwas bourgeois bezeichnet, und auch als leicht provinziell, ein Vorurteil, das sie niemals ganz abschütteln konnte. In Girona lebt man gut, aber ohne viel Getue und sehr nach innen gekehrt. Die Einwohner Gironas besitzen den Ruf, ein ungeselliges Volk zu sein, zu Unrecht. Es ist ausreichend, ihnen etwas Zeit für eine langsame Annäherung zu geben, um eine edle und offene Einstellung dem Besucher gegenüber zu entdecken.

Dieser Reiseführer enthält eine sehr nützliche Zusammenfassung der schönsten Sehenswürdigkeiten der Stadt für den Touristen mit Eile, aber auch Ratschläge und Vorschläge für diejenigen, welche in aller Ruhe die Geheimnisse der Stadt entdecken möchten.

AUS WASSER UND STEIN EIN WENIG GESCHICHTE

➔ S. 15

SEHENSWÜRDIGKEITEN

Das kulturelle und historische Erbe der Stadt Girona umgibt die majestätische Kathedrale und zieht sich am Ufer des Flusses Onyar entlang. Jeder der wundervollen Winkel, die man bei den Streifzügen durch die Stadt entdecken kann, ist von den alten Steinen und dem Wasser geprägt.

➔ S. 21

1 DIE KATHEDRALE

➔ S. 22

2 KIRCHE SANT FELIU

➔ S. 30

3 ARABISCHE BÄDER

➔ S. 33

4 LA RAMBLA

➔ S. 34

5 PUJADA DE SANT DOMÈNEC UND FONTANA D'OR

→ S. 39

6 DIE HÄUSER AM ONYAR

→ S. 42

7 BRÜCKEN UND ÜBERSCHWEMMUNGEN

→ S. 46

8 DIE SPUR DER ZÜNFTE

→ S. 50

9 PLAÇA DE LA INDEPENDÈNCIA UND DAS VIERTEL MERCADAL

→ S. 53

10 LA DEVESA

→ S. 54

MUSEEN
UND KUNSTGALERIEN

Das umfassende kulturelle Angebot von Girona zeigt den künstlerischen Reichtum der Stadt. In den Museen werden Werke aller Epochen, Stilrichtungen und Kulturen gezeigt, und dem Besucher wird vor Augen geführt, wie man in dieser Stadt in den fast zweitausend Jahren seit ihrer Entstehung lebte.

➜ S. 59

1 MUSEUM DER KATHEDRALE

➜ S. 61

2 ARCHÄOLOGISCHES MUSEUM SANT PERE DE GALLIGANTS

➜ S. 64

3 MUSEUM DER GESCHICHTE DER JUDEN

➜ S. 68

4 KUNSTMUSEUM

➜ S. 70

5 GESCHICHTSMUSEUM DER STADT
→ S. 72

6 KINOMUSEUM
→ S. 75

7 CASA MASÓ
→ S. 78

8 CAIXAFORUM GIRONA LA FONTANA D'OR
→ S. 79

9 ALTES HOSPITAL SANTA CATERINA
→ S. 80

10 CENTRE CULTURAL LA MERCÈ UND DIE CASA DE CULTURA
→ S. 81

THEMATISCHE ROUTEN DURCH DIE STADT

STRECKEN

Bei einem Aufenthalt in Girona empfiehlt sich ein gemütlicher Spaziergang durch die Altstadt auf den Spuren der Geschichte und der Legende. Man kann die enge Beziehung zwischen der Stadt und dem Fluss Onyar entdecken, und auch die schöne Architektur des *Noucentisme*, geschaffen von dem Architekten Masó.

➜ S. 83

1 DER SPAZIERWEG AUF DER STADTMAUER

➜ S. 83

2 ***EL BARRI VELL***
→ S. 88

3 ***EL CALL JUEU***
→ S. 91

4 **DER PARK DEVESA UND DIE RIBES DEL TER**
→ S. 92

5 **ARCHÄOLOGISCHER SPAZIERWEG UND DAS VALL DE SANT DANIEL**
→ S. 95

6 **DER ARCHITEKT MASÓ**
→ S. 96

7 **LEGENDEN DER STADT**
→ S. 100

KULTURVERANSTALTUNGEN

→ S. 102

GIRONA, *TEMPS DE FLORS* → S. 103

GIRONA, STADT DER FESTIVALS
→ S. 104

FIRES DE SANT NARCÍS
→ S. 106

PROZESSIONEN UND „MANAIES“ → S. 107

UMGEBUNG VON GIRONA ROUTEN IM AUTO

➔ S. 109

COSTA BRAVA, KÜSTENDÖRFER, BUCHTEN UND STRÄNDE ➔ S. 110

DÖRFER IM LANDESINNEREN
➔ S. 124

NATURPARKS
➔ S. 130

DAS DALÍ-DREIECK
➔ S. 138

GIRONA ERLEBEN
PRAKTISCHER FÜHRER

Wir zeigen Ihnen eine lebendige Stadt, nicht nur Stein und Museen, damit Sie diese in vollen Zügen genießen können, ebenso wie dies auch ihre Einwohner tagtäglich tun.

→ S. 142

GASTRONOMIE

→ S. 143

FESTE UND TRADITIONEN

→ S. 145

KULTURVERANSTALTUNGEN

→ S. 146

KUNSTHANDWERK, SHOPPING

→ S. 148

STADTPLAN
➜ S. 156-158

RESTAURANTS
➜ S. 150

KAFFEE UND DRINKS IN DER NACHT ➜ S. 152

UNTERKUNFT
➜ S. 153

DIENSTLEISTUNGEN
➜ S. 154

AUS WASSER UND STEIN

Das Wasser und der Stein haben entscheidend zum Entstehen der Stadt beigetragen. Das Wasser war die Lebensgarantie und der Stein schuf die Monumentalität der Zukunft. Girona befindet sich im Mündungsgebiet von vier Flüssen, der Flüsse Ter, Güell, Galligants und ganz offensichtlich des Onyars, an dessen Ufer sich die Stadt erhebt. Girona wurde aus einem Kalkstein, der aus Nummuliten besteht, erbaut, ein leicht zu verarbeitender Stein, der trotzdem hart ist. Das Material, das die Straßen, Freitreppen und Gebäude der Altstadt formt, stammt aus den Steinbrüchen der Stadt.

KARL DER GROßE
Im Jahr 785 öffnete Girona Karl dem Großen seine Pforten, als die Gironesen nach einer kurzen Zeit der maurischen Herrschaft die Stadt dem Reich der Karolinger übergaben. Der Stuhl und der Turm Karls des Großen in der Kathedrale zeugen von den zahlreichen Legenden, die sich um diese Person ranken.

Die strategische Lage Gironas war in der Zeit der Stadtgründung von vitaler Bedeutung. Girona befand sich in einem Durchgangsgebiet, durch das in der Zeit der Römer die *Via Augusta* verlief. Es entstand eine Festungsstadt (*Oppidum*) mit dem Namen *Gerunda*, eine Festung zwischen den Flüssen Onyar und Galligants. Die Stadt war immer schon ein Ort, an dem sich alles mischte. In der zweiten Hälfte des 3. Jahrhunderts fielen die Franken und die Alemannen in die Stadt ein, danach wurden die Stadtmauern versetzt. Zwischen dem 3. und 4. Jahrhundert setzte sich das Christentum in der römischen Stadt durch, und ab dem 5. Jahrhundert war die Stadt der Sitz einer christlichen Diözese.

Nach dem Niedergang des Römischen Reiches übernahmen die Westgoten Girona. Danach blieb die Stadt solange in der Macht der Moslems, bis die Bewohner ihre Stadt Karl, dem Großen, anvertrauten, der die Grafschaft Girona gründete, das erste Zentrum der Hispanischen Mark, die dem Fränkischen Reich unterworfen war.

Zu Ende des 12. Jahrhunderts wuchs die Bevölkerung so stark an, dass außerhalb der Stadtmauern gebaut werden musste. Zu jener Zeit entstanden dort Viertel wie Sant Pere, Santa Maria, El Mercadal und Sant Feliu.

Im Jahre 890 gab es in der Stadt ein stabiles, jüdisches Viertel, in dem ungefähr zwanzig hebräische Familien lebten. Diese Gemein-

Die Gassen des Barri Vell werden von Hell-Dunkelkontrasten geprägt

schaft wuchs auf etwa tausend Personen an, die bis zur Vertreibung der Juden von der Iberischen Halbinsel im Jahr 1492 in der Stadt zuhause waren.

Vom 14. bis zum 15. Jahrhundert war Girona mit seinen 8000 Einwohnern eine der bedeutendsten Städte Kataloniens. Aber dieses Wachstum wurde durch die Pest und die wirtschaftlichen Rückschläge der darauffolgenden Jahrhunderte gebremst. Der schwarzen Pest des Jahres 1348 fielen mehr als 1000 Menschen zum Opfer und dieser Rückgang der Bevölkerungszahl wirkte sich bis weit in 18. Jahrhundert aus.

Als Verteidigungsbollwerk gegen die französischen Invasionen wurde Girona ständig belagert, die schlimmsten Belagerungen fanden zwischen 1285 und 1462 statt. Den napoleonischen Belagerungen der Jahre 1808 und 1809, die eine tiefe Spur in der Stadt und dem sozialen Gefüge hinterließen, verdankte die Stadt den Spitznamen „Ciutat dels setges“ (Stadt der Belagerungen).

Mitte des 19. Jahrhunderts fand ein Wachstum am linken Ufer des Onyars statt, entlang der Straßenachse der Landstraße nach Barcelona.

DIE SCHWARZE PEST

Der Legende nach wurde die Straße de l'Argenteria abgeriegelt, um die Verbreitung der Pest zu vermeiden, und Tarlà unterhielt die Kinder, indem er auf einem Balken balancierte. Jeden 28. August wird an diese Ereignisse erinnert, wenn man Pirouetten in dieser Straße dreht...

Plaça del Vi

GAME OF THRONES
Die Altstadt von Girona wird häufig zum Filmset. Die Treppen der Kathedrale, die Pujada de Sant Domènec und die engen Gassen des *Call* waren der perfekte Schauplatz für die sechste Staffel von *Game of Thrones*.

Die Eisenbahn kam im Jahr 1862 nach Girona. Ebenfalls in dieser Zeit wurde neue Industrie in der Stadt angesiedelt.

Zu Beginn des 20. Jahrhunderts verzeichnete die Stadt fünfzehntausend Einwohner, und nahm aktiv an der Bewegung zur kulturellen Erneuerung teil, die in Katalonien um sich griff.

Der spanische Bürgerkrieg richtete die Stadt dann übel zu. Durch die Bombenangriffe der franquistischen Luftwaffe wurden Gebäude zerstört, und Kirchen wurden von den Kirchenfeinden ausgeplündert. Aber das schlimmste Leid trugen die Bürger, es gab Tote, standrechtliche Erschießungen, Exil, auseinandergerissene Familien, Anzeigen unter Nachbarn… Durch Girona mussten alle Exilsuchenden hindurch, und seine Einwohner waren die Zeugen dieses leidvollen Durchzugs der Verlierer in Richtung französische Grenze. Das franquistische Versprechen von „Brot, Gerechtigkeit und Vergebung“ waren leere Worte, eine gnadenlose Unterdrückung nahm ihren Anfang.

Nach Erlangen der Autarkie in den 60-ger Jahren fand aufgrund der neokapitalistischen Entwicklung ein starker, wirtschaftlicher

GIRONA FC
In der Saison 2017-18 stieg die Mannschaft des FC Girona in die Primera División (Oberliga) auf. Das Stadion Montilivi wurde zu diesem Anlass umgestaltet, und hier spielen alle zwei Wochen die besten Mannschaften Spaniens, auch FC Barcelona und Real Madrid.
www.gironafc.cat

Wandel statt. Das waren die „glücklichen 60-ger“, die Zeit des 600, das damals beliebteste Automodell von SEAT. Die anschließende weltweite Wirtschaftskrise des Jahres 1973 wurde von der Krise des Franquismus begleitet.

Zwischen den Jahren 1950 und 1960 nahm Girona eine große Zahl von Zuwanderern aus dem Süden des Landes auf. Durch diese neuen Bürger erreichte die Stadt eine Einwohnerzahl von 33.000 Personen. Im Jahr 1963 wurden Santa Eugènia, Sant Daniel und Palau Sacosta eingemeindet und „Gran Gerona“ (Groß-Girona) gegründet. Später kamen noch die Bezirke Sant Gregori, Celrà, Salt und Sarrià hinzu. Jedoch wurden Salt und Sarrià im Jahr 1983 wieder von der Stadt abgetrennt.

Im Jahr 1979 gewann die PSC, die sozialistische Partei, die ersten demokratischen, lokalen Wahlen. Die Stadtverwaltung führte Maßnahmen zur Neuordnung und Modernisierung der Stadt durch. Dieser Fortschritt brachte häufig den Abriss von malerischen Ecken der Altstadt mit sich. Das nennen die Politiker *Esponjament* (Sanierung).

Seit den 80-ger Jahren ist Girona eine der spanischen Städte mit dem höchsten Pro-Kopf-Einkommen. Auch in den Jahrbüchern der Banken, in denen der Lebensstandard der Bevölkerung bewertet wird, nimmt die Stadt eine der obersten Positionen ein.

Heute hat Girona fast 100 000 Einwohner, die diese moderne und aktive Stadt genießen. Girona hat ein ausgezeichnetes und sehr modernes Transportnetz, und einen gut funktionierenden Flughafen, so dass die Stadt einfach zu erreichen ist. Die Universität und die Strecke des Hochgeschwindigkeitszugs ergänzen das Zukunftsprojekt für Girona.

Das Wachstum der Stadt ist nicht aufzuhalten und voraussichtlich wird in den nächsten Jahren Bauland fehlen, so dass eine Expansion in die Nachbargemeinden unumgänglich sein wird.

Plaça de l'U d'Octubre de 2017

Universitätscampus Montilivi

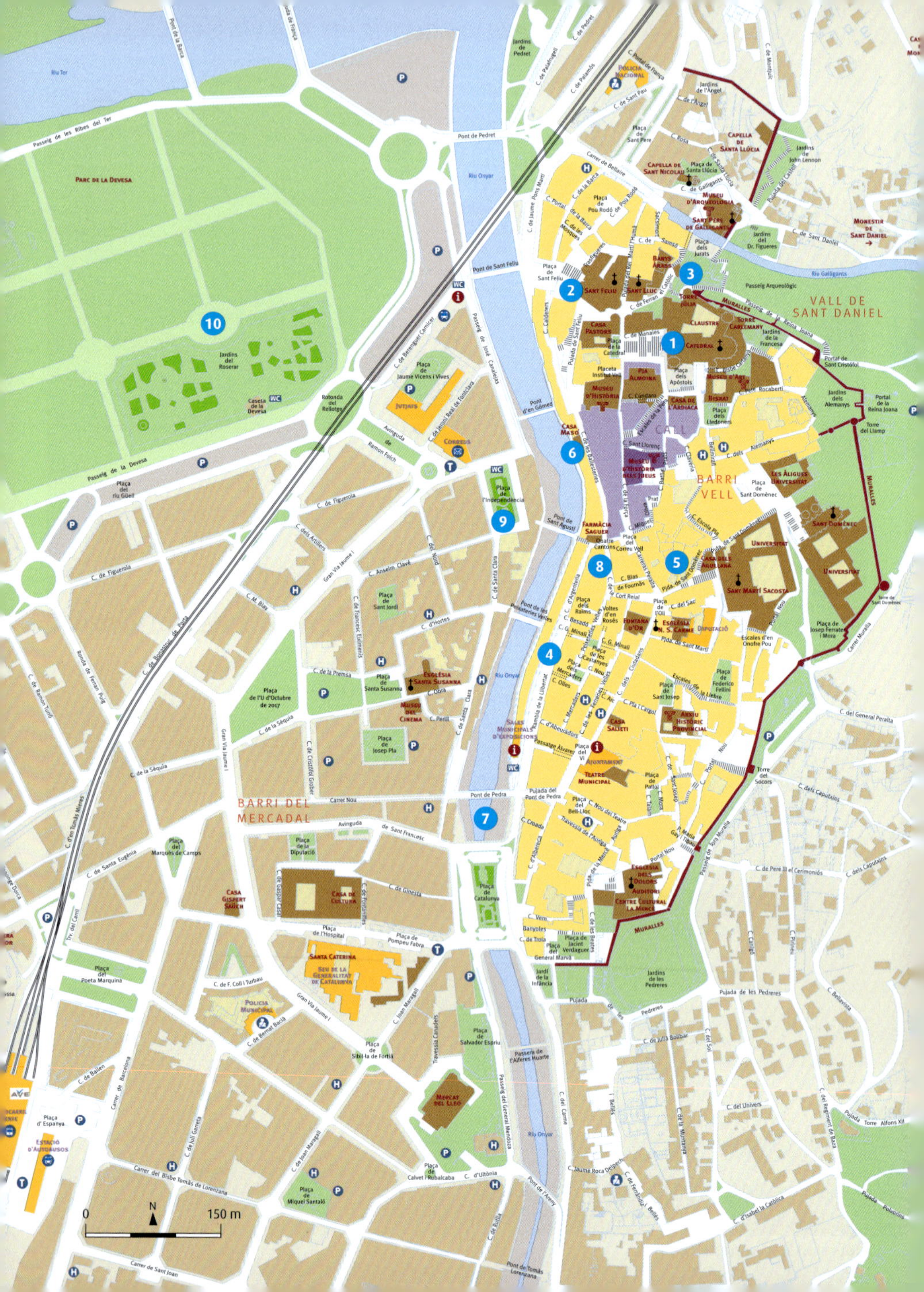
Riu Ter
Pont de la Barca
Passeig de les Ribes del Ter
Parc de la Devesa
Jardins del Roserar
Caseta de la Devesa
Passeig de la Devesa
Plaça del riu Güell
Rotonda del Rellotge
Pont de Pedret
Riu Onyar
Jardins de Pedret
C. de Palafrugell
C. de Palamós
Policia Nacional
C. de Sant Pau
Plaça de Sant Pere
Jardins de l'Àngel
C. de l'Àngel
Capella de Santa Llúcia
Capella de Sant Nicolau
Plaça de Santa Llúcia
Jardins de John Lennon
Museu d'Arqueologia
Sant Pere de Galligants
Jardins del Dr. Figueres
C. de Sant Daniel
Monestir de Sant Daniel
Riu Galligants
Passeig Arqueològic
Vall de Sant Daniel
Carrer de Bellaire
C. de la Barca
Plaça de Pou Rodó
C. de Pou Rodó
Pont de Sant Feliu
Plaça de Sant Feliu
Sant Feliu
Sant Lluc
Banys Àrabs
Plaça dels Jurats
Torre Júlia
Claustre
Torre Carlemany
Muralles
Passeig de la Reina Joana
Jardins de la Francesa
Catedral
Plaça de la Catedral
Casa Pastors
Pujada de Sant Feliu
Placeta Institut Vell
Pia Almoina
Plaça dels Apòstols
Museu d'Art
Bisbat
Museu d'Història
Casa de l'Ardiaca
Call
Portal de Sant Cristòfol
Jardins dels Alemanys
Portal de la Reina Joana
Torre del Llamp
Plaça dels Lledoners
C. Pere Rocaberti
Casa Masó
Museu d'Història dels Jueus
C. de la Força
Barri Vell
Les Àligues Universitat
Plaça de Sant Domènec
Sant Domènec
Universitat
Sant Martí Sacosta
Casa dels Agullana
Pont d'en Gómez
Pont de Sant Agustí
Farmàcia Saguer
Quatre Cantons
Plaça del Correu Vell
C. de l'Argenteria
Plaça dels Raïms
Voltes d'en Rosés
Fontana d'Or
Església N. S. Carme
Diputació
Plaça de l'Oli
Pont de les Peixateries Velles
Plaça de les Castanyes
Plaça dels Mercaders
Rambla de la Llibertat
Torre de Sant Domènec
Plaça de Josep Ferrater i Mora
Escales d'en Onofre Pou
Plaça de Federico Fellini
Plaça de Sant Josep
Arxiu Històric Provincial
Casa Saleta
Sales Municipals d'Exposició
Plaça del Vi
Ajuntament
Teatre Municipal
Plaça de Pallol
Pont de Pedra
Pujada del Pont de Pedra
Plaça del Bell-Lloc
Torre del Socors
C. dels Caputxins
Passeig de Sota Muralla
Església dels Dolors
Auditori
Centre Cultural La Mercè
Muralles
Plaça de Jacint Verdaguer
General Marvà
Jardí de la Infància
Jardins de les Pedreres
Pujada de les Pedreres
C. de Pere III el Cerimoniós
Jutjats
Plaça de Jaume Vicens i Vives
Correus
Avinguda de Ramon Folch
Plaça de l'Independència
Passeig de José Canalejas
C. de Figuerola
Gran Via Jaume I
C. Anselm Clavé
Plaça de Sant Jordi
C. d'Hortes
C. de Santa Clara
Plaça de l'U d'Octubre de 2017
C. de la Sèquia
Plaça de Santa Susanna
Església Santa Susanna
Museu del Cinema
Plaça de Josep Pla
Ronda de Ferran Puig
Barri del Mercadal
Carrer Nou
Avinguda de Sant Francesc
Plaça de la Diputació
Plaça del Marquès de Camps
Casa Gispert Saurí
Casa de Cultura
Plaça de Catalunya
Plaça de l'Hospital
Plaça de Pompeu Fabra
Santa Caterina
Seu de la Generalitat de Catalunya
Plaça del Poeta Marquina
Policia Municipal
Plaça de Sibil·la de Fortià
Plaça de Salvador Espriu
Passera de l'Alferes Huarte
Mercat del Lleó
Passeig del General Mendoza
Plaça d'Espanya
Estació d'Autobusos
AVE
Plaça de Calvet i Rubalcaba
Plaça de Miquel Santaló
Carrer del Bisbe Tomàs de Lorenzana
Carrer de Sant Joan
Pont de l'Areny
Pont de Tomàs Lorenzana
C. del Carme
C. de la Muntanya
C. de l'Univers
Torre Alfons XII
C. d'Isabel la Catòlica
0
150 m
N
1
2
3
4
5
6
7
8
9
10

SEHENSWÜRDIGKEITEN

1. KATHEDRALE UND ROMANISCHER KREUZGANG
2. DIE KIRCHE SANT FELIU
3. ARABISCHE BÄDER
4. LA RAMBLA
5. PUJADA DE SANT DOMÈNEC UND FONTANA D'OR
6. DIE HÄUSER AM ONYAR
7. BRÜCKEN UND ÜBERSCHWEMMUNGEN
8. DIE SPUR DER ZÜNFTE
9. PLAÇA DE LA INDEPENDÈNCIA · DAS VIERTEL MERCADAL
10. LA DEVESA

UNBEDINGT BESUCHEN !

DIE KATHEDRALE S. 22

ARABISCHE BÄDER S. 33

PUJADA DE SANT DOMÈNEC S. 39

DIE HÄUSER AM ONYAR S. 42

1 DIE KATHEDRALE

Das Profil der prachtvollen Kathedrale beherrscht die Stadt im harmonischen Zusammenspiel mit dem Glockenturm der Kirche Sant Feliu. Wer vom Norden her in die Stadt kommt, wird zuerst von diesem Anblick in Bann gezogen. Um die Kathedrale zu besuchen, muss man sich seinen Weg durch das steil ansteigende Netz von dunklen, schmalen Gassen der Altstadt bahnen. Die Straßen Carrer de la Força und Portal de Sobreportes auf beiden Seiten der Kathedrale schleudern den Besucher ohne Vorwarnung auf ihren Vorplatz. Die Augen, die sich an die Finsternis der Gassen gewöhnt haben, schmerzen nun bei diesem plötzlichen Eintritt ins Licht und dem überwältigenden Anblick der Fassade.

Auf dem höchsten Punkt des alten Gironas gelegen, wird diese szenische Kraft noch durch die **barocke Freitreppe** (18. Jh.) erhöht. Dieses Bauwerk läßt andere, ebenso bemerkenswerte Bauten in der Umgebung, wie z. B. die **Casa Pastors** aus dem 18. Jahrhundert und **Pia Almoina** aus dem 14. Jahrhundert, der Sitz der Architektenkammer, weniger bedeutend wirken. Die Freitreppe schöpft ihre Kraft aus der Kombination des *Seny* (gesunder Menschenverstand) ihres Inhaltes mit der *Rauxa* (verrückten Verwegenheit) ihrer gewaltigen Proportionen. Nach Erklimmen der 90 Stufen, die oft als enorme Sitzreihen für Veranstaltungen jeder Art benutzt werden, muss der Besucher auf dem dritten Treppenabsatz erst einmal wieder zu Atem kommen, um die schlichte **Barockfassade** (17. - 18. Jh.) zu bewundern. Unter der großen, zentralen Fensterrose entfaltet sich auf drei Ebenen ein Retabel mit Skulpturen. Der einzige Turm, der sich auf der linken Seite nicht wiederholt, macht das Bauwerk sehr außergewöhnlich. Der von den Unbilden der Witterung stark mitgenommene Bronzeengel, der den Turm krönt, hätte schon vor dreißig Jahren ersetzt werden müssen. Laut Salvador Dalí ist sein Gesicht in die Fassade gemeißelt, es ist nicht schwer, dieses zu finden. Auch die Reliefs der Türen sind bewundernswert, und nach dem Durchschreiten der Türen wird der Besucher von dem Schwindel und der Schwerelosigkeit des

i

Während der Messen ist der Zutritt kostenlos. Zu anderen Zeiten erfolgt der Zutritt durch das Museum der Kathedrale nach Entrichtung eines Eintrittspreises. In den Preis sind die Besichtigung des Kreuzgangs, des Schatzraums und der Kirche Sant Feliu ebenfalls eingeschlossen.

MUSEUM
Plaça de la Catedral
Tel. +34 972 42 71 89
www.catedraldegirona.cat

ÖFFNUNGSZEITEN
Von April bis Oktober, von 10:00 bis 18:30 Uhr. Juli und August, von 10:00 bis 19:30 Uhr. Von November bis März, von 10:00 bis 17:30 Uhr.

Nahaufnahme des Tores der Kathedrale

Inneren in Bann gezogen, so dass er sich nur noch wie ein winziges Staubkorn fühlt.

Das **gotische Gewölbe** der Kathedrale mit seinen fast 23 Metern ist das größte dieser Art auf der ganzen Welt. In den ersten Plänen für die Kathedrale, mit deren Bau im 14. Jahrhundert begonnen wurde, und der unter großer Mühe und Anstrengung bis ins 18. Jahrhundert fortgesetzt wurde, waren drei Kirchenschiffe vorgesehen, aber schließlich setzte sich die Kühnheit eines einzigen Gewölbes durch. 50 Jahre lang wurde heiß diskutiert und zweimal wurden angesehene Architekten jener Zeit befragt, um den Bischof und die Domherren von La Seu zu überzeugen, dass das Werk standhalten würde. Dieses Kirchenschiff wurde voller Begeisterung beschrieben. Der katalanische Dichter Joan Maragall sagte, dass man beim Betrachten eines so hohen Gewölbes sicher sein konnte, dass sich darüber nur noch das „Himmelsgewölbe" befand. Die kraftvollen, bunten Lichtstrahlen, die durch die vielfarbigen Glasfenster, die aus der Zeit vom 14. bis zum 16. Jahrhundert stammen, einfallen, verleihen dem nüchternen Stein eine große Lebendigkeit.

Die eigentliche Achillesferse dieser beeindruckenden Kathedrale sind kleine Wurmfossile, nicht größer als ein Aspirin: die **Nummuliten**. Ihr Kalziumpanzer trug zur Verschlechterung des Steins bei und zwang in den Jahren 2000 und 2001 zu einer Renovierung der Fassade, bei der teilweise ganze Blöcke ausgetauscht werden mussten.

Im Inneren der Kathedrale findet der Besucher zahlreiche Kunstwerke unterschiedlicher Stilrichtungen wie zum Beispiel den wundervollen **Altarstein des Hochaltars** aus Alabaster, die sogenannte **Cadira** (Stuhl, Thron) **von Karl**, **dem Großen** aus Marmor, oder **den Baldachin und den Altaraufsatz des Hochaltars** (14. Jh.), beide aus Silber. Das Antlitz der Alabasterstatue der **Gräfin Ermessenda** (14. Jh.), ein Werk von Guillem de Morell, ist eines der wichtigsten Kunstwerke der gotischen Kunst. Die Augen scheinen sich dem weltlichen Leben verschließen zu wollen, jedoch öffnen sie sich hin zu dem Gelassenheit ausstrahlenden Licht des Jenseits.

Hauptfassade im Barockstil

SEAN SCULLY

An der Nordfassade der Kathedrale befindet sich ein Fenster, das von dem irischen Künstler Sean Scully gestaltet wurde. Ein modernes Element voller Licht und Farbe in einer majestätischen Umgebung.

ROMANISCHER KREUZGANG

Der Kreuzgang und der **Torre de Carlemany** aus dem 12. Jh. im lombardischen Stil, der als Strebepfeiler für die gotische Kathedrale dient, sind die einzigen romanischen Bauten, die dieses Zusammenspiel von Stilen und Bauten überlebt haben, welche die Geschichte der Kathedrale schreiben. Auf dem heidnischen Tempel wurde das romanische Gebäude errichtet, und darüber das gotische, das bis zum Barock weitergeführt wurde. Ein Heiliger wurde entkleidet, um einen anderen einzukleiden. Der Eingang zum **Kreuzgang** (12.-13. Jh.) befindet sich neben der **Capella de l'Esperança** (Kapelle der Hoffnung). Dieser Kreuzgang ist einzigartig, die trapezförmige Anordnung des doppelten Säulengangs und

i

Der Zutritt erfolgt durch das Museum der Kathedrale nach Entrichtung eines Eintrittspreises. In den Preis sind die Besichtigung des Kreuzgangs, der Schatzraums und der Kirche Sant Feliu ebenfalls eingeschlossen.

Der Kreuzgang

An dem Kreuzgang der Kathedrale arbeiteten verschiedene Bildhauer, wobei insbesondere Arnau Cadell zu erwähnen ist, der erste katalanische Künstler, von dem man den Vor- und Nachnamen kennt. Er hat auch die Kapitelle am Kreuzgang des Klosters von Sant Cugat del Vallès geschaffen.

den Reichtum an Skulpturen an den Kapitellen findet man sonst nirgendwo auf der Welt. Die insgesamt 85 Säulen und Pfeiler wurden mit verschwenderischer Kreativität geschmückt. Bibelszenen wechseln sich mit fantasievollen Darstellungen von Flora und Fauna ab. Unglaubliche Bestien, die Ursünde, Noah beim Bau der Arche, die Enthauptung der Unschuldigen… es ist wie der zu Stein gewordene Geist des Mittelalters. Die Erbauer selbst verewigten sich in einigen der Kapitelle. Der deutsche Musikwissenschaftler Magnus Schneider sagte, dass der Kreuzgang eine verborgene, musikalische Dimension besitzt. Die Mönche richteten ihre Aufmerksamkeit auf die in Stein gehauenen Tiere, die Noten repräsentierten und ihnen als Notensystem zum Singen der Hymne *Mater Dolorosa* diente. Die Kapitelle wirken wie eine Ader voller Fantasie und Kreativität.

2 DIE KIRCHE SANT FELIU

Die Spitze des stilisierten Glockenturms, treuer Wächter der heiligen Maria, wurde von einem boshaften Blitz abgebrochen. Die spitzen Giebel, verziert mit Filigranarbeit im nordischen Stil, lassen ihn heiter wirken, so wie die Lichter eines Stadtfestes. Die **Kirche Sant Feliu** aus dem 14.-17. Jh. wurde dort errichtet, wo der afrikanische Missionar mit dem gleichen Namen gemartert und begraben wurde. Der Grundriss, der zu Beginn romanisch war, wurde mit einem gotischen Gewölbe bedeckt. Ein hübscher Dreipass, der den Tempel umgibt, verbindet beide Stile. Der nach Westen ausgerichteten, gotischen Fassade entspringt eine beeindruckende Freitreppe, aber der Gesamtkomplex verliert aufgrund der leeren Räume, die Bilder aufnehmen sollten, an Kraft, und zu diesem Verlust trägt auch ein Fundament bei, das den Zwillingsturm vermissen läßt, von dem es nur die Baupläne gibt.

Besondere Schätze dieser Kirche sind der Altaraufsatz des Hochaltars aus dem 16. Jh., der Sarkophag von Sant Narcís, dem Schutzpatron Gironas, und der liegende Christus aus dem 14. Jh., ein Werk aus Alabaster von Aloi de Montbrai, das sich durch einen recht seltenen, anatomischen Naturalismus auszeichnet.

Angebaut an die Kirche ist die prunkvolle **neoklassische Kapelle Sant Narcís** (18. Jh.), sie ist voller Marmor und Malereien. Im Altar befindet sich der silberne Reliquienschrein des Schutzpatrons von Girona. Aber was während dieses Besuches am meisten beeindruckt, sind die acht heidnischen und christlichen **Sarkophage**, die in die Wände des Altarraums eingelassen sind und die alle aufgrund der kühnen Gestaltung und der Peripetie der Ausführung auffallen. Alle sind aus Marmor, und die beiden ältesten aus dem 2. Jh. stellen Persephone dar, die von Hades geraubt wurde, und eine Löwenjagd.

Sarkophag der Löwenjagd

i

SANT FELIU
Pujada de
Sant Feliu, 29

Während der Messen ist der Zutritt kostenlos. Zu anderen Zeiten erfolgt der Zutritt durch das Museum der Kathedrale.

ÖFFNUNGSZEITEN
Von 10:00 bis 17:30 Uhr.
Sonntags und feiertags, 13:00 bis 17:30 Uhr.

Detail an einer Grabstätte

Ein Blitz amputierte den Glockenturm von Sant Feliu ▸

3 ARABISCHE BÄDER

ARABISCHE BÄDER
c/ Ferran el Catòlic, s/n
Tel. +34 972 19 09 69
www.banysarabs.org

ÖFFNUNGSZEITEN
März bis Oktober,
10:00 bis 19:00 Uhr.
November bis Februar,
10:00 bis 14:00 Uhr.

Sonntags und feiertags,
10:00 bis 14:00 Uhr.

Die Bürger des mittelalterlichen Gironas konnten das Bad nicht besser verherrlichen als in dieser Form, mit diesem Tempel voller Licht. Die **Banys Àrabs** in Girona aus dem 12.-13 Jh. sind die besterhaltenen Bäder in Katalonien. Trotz ihres Namens stammen sie nicht aus der arabischen, sondern aus der romanischen Epoche, wurden jedoch im Stile der moslemischen Bäder erbaut, die wiederum eine Kopie des Konstruktionsmodells der antiken, römischen Thermen darstellen. Der Komplex beinhaltet alle Elemente eines öffentlichen Badehauses und der Besucher kann die warme Atmosphäre, die zur Entspannung und zum Abschalten einlädt, verspüren. Der östliche Seiteneingang führt in die Umkleideräume, ein Ort, wo man sich trifft und plaudert. Im Zentrum befindet sich ein achteckiges Schwimmbecken, umgeben von schlanken, romanischen Säulen mit korinthischen Kapitellen. Diese Säulen stützen einen achteckigen Tambour mit einem Lichteinlass, durch den die Sonnenstrahlen fallen, die den Raum erhellen und seine Wirkung stark unterstreichen.

Das *Frigidarium* ist ein großer Saal für kalte Bäder mit einem Gewölbe aus Stein und Latrinen. In dem *Caldarium* nahm der Badegast ein beruhigendes, warmes Bad, und das *Tepidarium* diente als Badesaal für lauwarme Dampfbäder und Massagen. Durch ein Leitungssystem für heißes Wasser, das vom Bereich des Heizofens, der Kessel und Zisternen kam, lief heißes Wasser in einen Wasserkanal und sorgte für die perfekte Funktion der Badeanstalt. Ab dem 16. Jahrhundert wurde dieses Bad nicht mehr benutzt. Im Jahr 1929 ging das Gebäude in die öffentliche Hand über und wurde von Rafael Masó und Emili Blanc restauriert.

Der Tambour der Banys Àrabs läßt Licht in das Innere dringen

4 LA RAMBLA

Promenade, auf der das städtische Bürgertum seine Laster und Tugenden ausstellt. An wenigen Orten schlägt der Puls der Stadt so stark wie hier. Die Menschen in Girona haben ein Verb geschaffen, *ramblejar* bedeutet die Rambla hinauf- und hinunterschlendern, wobei Sehen und Gesehen werden im Mittelpunkt steht. Die Rambla ist ein unvermeidlicher Treffpunkt für Müßige, wer Eile hat, läuft stets Gefahr von einem *romaguera* aufgehalten zu werden, so nennt man hier die Müßiggänger, die immer Zeit für ein langes Gespräch haben. Auf den Terrassen der Lokale nimmt man seinen Mittagsimbiss und ein Getränk ein, schaut im Winter den raren Sonnenstrahlen nach, und genießt im Sommer die Kühle unter den wundervollen, massiven Gewölben. Dort wird seit dem Mittelalter ein lebendiger Handel betrieben, damals befand sich hier der Marktplatz. Samstags morgens verbreiten die Blumenstände ihren Duft und ihre leuchtenden Farben.

Die **Rambla de la Llibertat** verläuft parallel zum Onyar und führt den Besucher zum Fuße des alten und monumentalen Gironas. Der Anblick der Kathedrale, umrahmt von dem Stückchen Himmel, das die Fassaden und Dächer frei lässt, kann kaum übertroffen werden. Weiter oben auf der Rambla, in der Nähe des Gebäudes, in dem sich die **Städtischen Ausstellungsräume** befinden, steht das Denkmal an den Journalisten und Schriftsteller **Carles Rahola**, der von den Truppen Francos im Jahr 1939 standrechtlich erschossen wurde. Unten an der Rambla auf der linken Seite fällt die modernistische Fassade von **Can Norat** (1912) auf. Der Spaziergang über Rambla sollte noch einmal unter den niedrigen, schattigen Säulengängen wiederholt werden, wobei man aufpassen muss, dass man sich nicht den Kopf an den Steinen stößt, wenn man zu dicht an den Säulen vorbei geht. An der Decke eines dieser Gewölbe ist detailliert der Stadtplan von Paris gezeichnet, diesen Plan ließ im vergangenen Jahrhundert ein Geschäft anfertigen, das französische Mode verkaufte.

DUFTENDE RAMBLA

„Die Rambla, eine kleine Promenade gesäumt von duftenden Linden, ist ein liebenswürdiger Salon des sozialen Lebens: Gespräche in der Sonne, Terrassen für Touristen, belebte Geschäfte, der bunte Blumenmarkt am Samstag und diskreter bürgerlicher Charme".

Antoni Puigverd

Rambla de la Llibertat

An manchen Tagen ist die Rambla voller Leben

Font de les Peixateries Velles
Museu del Cinema

CAIXAFORUM GIRONA

In den Räumen des Caixaforum Girona in Fontana d'Or (Carrer dels Ciutadans, 19) werden das ganze Jahr über Ausstellungen, Konzerte, Vorträge und Messen veranstaltet, die für das breite Publikum geöffnet sind. Siehe Seite 79.

5 LA PUJADA DE SANT DOMÈNEC UND LA FONTANA D'OR

Die Treppenkreuzung, die **Pujada** (Steigung) **de Sant Doménec** genannt wird, ein Kreuzweg für Aquarellmaler und Fotografen, ist einer der schönsten und ausgeglichensten Orte der Altstadt. Die Stufen auf der rechten Seite führen zu der effektvollen Fassade der **Kirche Sant Martí** aus dem 16.-17. Jh.; und die linken führen unter den niedrigen Bögen der **Casa dels Agullana** (16. und 18. Jh.) vorbei, ein elegantes, architektonisches Element, das die beiden Häuser dieser Familie miteinander verbindet.

Unter diesen alten Herrenhäusern fällt auch die **Fontana d'Or** (13.-16. Jh.) auf, ein großer gotischer Palast, der auf einer romanischen Vorhalle errichtet wurde. Den weiten, edlen Saal schmücken schlanke Kapitelle aus gemeißeltem Stein. Der zentrale Innenhof mit seiner Freitreppe und erhöhten Galerie ist einer der wenigen Innengärten, der für Besucher geöffnet ist. Hier befindet sich ein von einer Bank gesponsertes Kulturzentrum.

Die Fontana d'Or ist ein prächtiger, gotischer Palast

La Pujada de Sant Domènec, einer der schönsten Winkel der Stadt

6 DIE HÄUSER AM ONYAR

So wie das häßliche Entlein sich in einen Schwan verwandelte, waren die Häuser am Ufer des Flusses völlig ohne Reiz. Sie wurden gegen Ende des Mittelalters erbaut, ihre Fassade zeigt auf die Straße, die parallel zum **Onyar** verläuft, und ihre Rückwand lehnte sich an die Stadtmauer, die damals noch die Altstadt umgab. In der Vergangenheit waren sie eher eine starke, die Stadt umgebende Verteidigunsmauer, die von keinem Spalt unterbrochen wurde, als ein farbenfrohes Sinnbild für die Stadt. Erst als die Feinde verschwanden, konnte Girona seine Kampfhaltung dem Fluss gegenüber aufgeben. Langsam entstanden in der Stadtmauer kleine Öffnungen, die sich mit der Zeit in diese Vielfalt von Fenstern, Galerien, Balkonen, Jalousien und Dächern verwandelte. Es handelt sich also letztendlich um eine konstruktive Ungereimtheit, welche die Harmonie erreicht hat.

Diese hübschen und bunten Fassaden spiegeln sich in dem Wasser des Onyar wider, was den Anblick noch reizvoller macht, natürlich nur dann, wenn der eher wasserarme Fluss auch Wasser führt. Das Wohlgefallen, mit dem sich die Stadt in diesem Spiegel betrachtet, könnte vermuten lassen, dass **Sant Narcís**, der Stadtpatron von Girona, auch jener mythische Narziss gewesen sein könnte, der in sein eigenes Spiegelbild verliebt war. Nach der architektonischen Wiederherstellung mit italienischen Zügen, die im Jahr 1983 unter der Leitung der Architekten Fuses und Viader begonnen wurde, und dem bunten Anstrich, der von den in Girona ansässigen Meistern der Farbe Jaume Faixó und Enric Ansesa geleitet wurde, hat die zum Fluss zeigende Fassade der Stadt sich in eine metaphorische Postkarte eines lebendigen Gironas verwandelt, das sich von der Mittelmäßigkeit des Franquismus befreit hat. Die Häuser sollten von den Brücken **Pont de Pedra** aus betrachtet werden. Dieser Anblick und der architektonische und kulturelle Reichtum der Stadt haben dazu beigetragen, dass Girona manchmal als das „katalanische Florenz" bezeichnet wird.

CASA MASÓ

Unter den Fassaden der Häuser am Onyar hebt sich insbesondere das Gebäude Casa Masó, Sitz der Stiftung Masó, ab, das vor kurzem renoviert und der Öffentlichkeit zugänglich gemacht wurde. Die Einrichtung des Hauses blieb so erhalten, wie sie zwischen 1912 und 1919 von dem Architekten gestaltet wurde. Siehe Seiten 78 und 96.

Pont d'en Gómez

Die Brücken verbinden das alte Girona mit den neuen Wachstumsgebieten

7 BRÜCKEN UND ÜBERSCHWEMMUNGEN

Der Fluss durchquert die Stadt, aber er teilt sie nicht. Die Brücken sind Treffpunkte, die dazu beitragen, ein fast häusliches Hindernis zu überwinden. Die Brücke **Pont de Pedra**, oder Isabel II (1850-56) ist die ausdrucksvollste der zehn Brücken, welche die Stadt über den Fluss Onyar hinweg verbinden. Die nüchterne Struktur aus gironesischem Kalkstein formt drei niedrige Bögen, die von zwei massiven Wellenbrechern gehalten werden, die auch den stärksten Strömungen widerstehen können. Obwohl sehr viel Stein für diesen Bau verwendet wurde, wirkt die Brücke trotzdem stilvoll und elegant.

Das Flechtwerk aus rotem Eisen der **Pont de les Peixateries Velles** (Brücke der alten Fischgeschäfte) wurde 1876 von dem Unternehmen Gustave Eiffels erbaut, auch sie ist ein Wahrzeichen der Stadt. Die Holzschwellen der alten Brücke knarren unter den Schritten der Fußgänger.

Der gewagteste Brückenbau über den Fluss Onyar wird vom Volk als *La plataforma* (Plattform) bezeichnet. Diese Brücke wurde 1967 eingeweiht und heißt offiziell **Plaça de Catalunya**, und sie sollte dem hochgesteckten Ziel dienen, den Verkehr in der Stadtmitte in Griff zu bekommen. Und die letzte Brücke über den Onyar, kurz vor dessen Mündung in den Ter, ist die **Pont de Pedret**.

An Tagen mit anhaltendem Regen beobachten die älteren Bürger der Stadt das Wasser des Flusses noch misstrauisch. Der Onyar verwandelte sich schon viel zu oft aus einem friedlich fließenden Fluss in ein reißendes Gewässer, das betrügerisch weite Teile der Stadt überschwemmte. Beispiele dafür sind die Wolkenbrüche der Jahre 1940, 1943, 1944, 1948, 1962, 1963 und 1970, und dies sind noch lange nicht alle. Durch die architektonischen Eingriffe der neueren Zeit wurde das Wasser beruhigt, und man kann den Schwärmen von fettleibigen und apathischen Karpfen zusehen.

SPIEGELBILDER IM WASSER

Die schönsten Bilder der Häuser am Onyar kann man auf den Brücken aufnehmen, die das alte Girona mit dem neuen Girona verbinden.

Pont de Sant Agustí ▸

Ein ausgezeichneter Aussichtspunkt auf die Häuser am Onyar

Pont de Sant Feliu ▸

Ein ausgezeichneter Aussichtspunkt auf die Häuser am Onyar

8 DIE SPUR DER ZÜNFTE

Die Handwerkszünfte bestimmten vor Jahren das Leben in der Stadt und trugen zur wirtschaftlichen und städtischen Entwicklung bei. Die Straßen verdanken ihren Namen der dominierenden Zunft. Die Straßen **dels Ciutadans** (Bürger), **dels Mercaders** (Händler), **de les Ferreries Velles** (alte Schmieden), **de les Peixateries Velles** (alte Fischgeschäfte), **de les Ballesteries** (Bogenschützen) und viele andere in der Umgebung laden zu einem Spaziergang durch die Geschichte der Zünfte und des Handwerks ein, den wir jedem Besucher empfehlen können. Der Spaziergang könnte am **Plaça del Vi**, dem alten Weinmarkt beginnen. Dort befindet sich das **Rathaus**, und in dessen Innenhof versteckt, ohne dass man die Fassade sehen kann, das Teatre Municipal (Städtisches Theater), das Mitte des 19. Jahrhunderts mit einem hufeisenförmigen Grundriss im „italienischen Stil" erbaut wurde. Die Säulen des Säulenganges an diesem Platz sind so wuchtig, dass sie sich, wie der Schriftsteller Josep Pla schreibt, perfekt an die Kurve des Rückens anpassen, und so das beste Abbild eines nachsichtigen und gastfreundlichen Ortes vermitteln.

Der Platz öffnet sich zum **Carrer dels Ciutadans**, früher die geradlinigste aller Straßen, und gleichzeitig eng und herrschaftlich, umsäumt von den edlen Herrenhäusern. In dieser Straße gingen die Zimmermänner, Schneider, Schreiber und andere ihrem Handwerk nach. Das dichte Netz der Zünfte der Stadt entstand zwischen dieser Straße und der Rambla. Überreste dieser Vergangenheit findet man bis heute noch, sogar in modernen Geschäften. Auch ein Spaziergang über die **Plaça de les Castanyes** (Kastanienplatz) ist obligatorisch, und über die **Plaça dels Raïms** (Traubenplatz), den manche als den kleinsten Platz der Welt bezeichnen. Wer Berühmtheiten liebt, sollte die Sackgasse **Carrer del Sac** besuchen, in der ein Hollywoodstern an die Geburt **Xavier Cugat** (Girona 1900 - Barcelona 1990) erinnert, ein außergewöhnlicher Musiker, der sich nach „Amerika aufmachte" und in vielen Filmen auftaucht.

In den Säulengängen der Plaça del Vi gibt es ruhige Terrassen

GASSEN VOLLER DETAILS

Bei einem Spaziergang durch die Gassen der Altstadt von Girona entdeckt man unzählige Details, die an die alten Handwerke erinnern und die von den Handwerkern jener Zeit meisterhaft geschaffen wurden.

Die Werkstätten der Kunsthandwerker verleihen dem *Barri Vell* Leben und Farbe

In vielen Straßen ist der Fahrzeugverkehr eingeschränkt

BANK VON SPANIEN

Dieses einzigartige Gebäude, das von der FAD 1989 mit einem Architekturpreis ausgezeichnet wurde, ist seit 2004 der Sitz der Bank von Spanien. Die Architekten verzichteten auf Beton, und haben nur aus Ziegelsteinen einen riesigen Bunker mit der Form eines Würfels und eines Zylinders geschaffen.

9 DIE PLAÇA DE LA INDEPENDÈNCIA UND DAS VIERTEL MERCADAL

Die Stadt musste den Fluss überqueren, um zu wachsen. Die **Plaça de la Independència** und das **Viertel Mercadal** sind das erste Ergebnis dieser Expansion. Der im Jahr 1855 entworfene Platz de la Independència ist der charakteristischste Platz im Zentrum der Stadt. Trotz des Denkmals an die Verteidiger Gironas während der französischen Belagerung im Jahre 1809 bestehen die Bürger Gironas darauf, ihn Plaça de Sant Augustí zu nennen, und so an das Augustinerkloster zu erinnern, das sich vor der Enteignung des Kirchengutes an diesem Platz befand. Er wird auch als **Plaça dels Cines** (Platz der Kinos) bezeichnet, da an diesem Platz die ersten Cinematheken der Stadt entstanden. Dieser Platz im klassizistischen Stil war der erste Schritt in Richtung des modernen Urbanismus, mit dem das konfuse und labyrinthische Erbe der Altstadt überwunden wurde. Die Terrassen der Lokale im Schatten seiner stilisierten Säulen laden zum Verweilen ein.

Plaça de la Independència

In der Nähe des Platzes befinden sich die Straße **Carrer de Santa Clara**, die parallel zum Fluss verläuft, und die Straße **Carrer Nou**, welche in das neue Girona führt, beide ebenfalls ideale Orte zum Einkaufen und Spazieren gehen. Das Viertel del Mercadal war das erste Industriegebiet der Stadt. Nach der anfänglichen Industrialisierung wurden die verlassenen Gelände der Fabriken auf die chaotischsten Arten genutzt. In den 1990er Jahren wurde der Platz **Plaça de l'U d'Octubre de 2017** —vorher Plaça de la Constitució— umgestaltet, und es wurden Bäume gepflanzt und städtische Möbel aus Beton aufgestellt.

Carrer de Santa Clara, ein idealer Ort zum Bummeln

10 LA DEVESA

Die 2500 Platanen sind eine farbenfrohe Palette, auf der sich der Wechsel der Jahreszeiten widerspiegelt. Es gibt keine schönere Herbstpostkarte als die nackten Äste über einer Decke von trockenen Blättern. Im Nordosten der Stadt zwischen den Flüssen Ter, Onyar und Güell gelegen, ist **La Devesa** mit seinen 40 Hektar Oberfläche der größte städtische Park in Katalonien. Obwohl das Volk die geordnete Pflanzung der napoleonischen Herrschaft zuschreibt, begann diese in Wirklichkeit viel später, nämlich im Jahr 1859. Es liegen außerdem alte Dokumente vor, die bestätigen, dass dieser Park schon seit dem 18. Jahrhundert benutzt wurde.

Durch die Dichte der Bepflanzung wuchsen die Bäume in die Höhe statt in die Breite. Einige sind über 50 Meter hoch. Ihre Äste formen beeindruckende, pflanzliche Gewölbe, mit denen die Natur dem Kirchenschiff der Kathedrale nacheifert. In diesem Park befindet sich ein hübscher, täglich geöffneter Garten, der von einem zugewachsenen Bach umflossen wird. La Devesa hat schon vielen Unbilden getrotzt, kranke Bäume, die Isolierung aufgrund der Landstraßen, die ihn in eine Insel verwandeln, fehlende Benutzer in den Jahren, als sich das Automobil unter der Bevölkerung durchsetzte... Jedoch sind die Sportler, die den Park nutzen, die Jahrmärkte und das bewegte Nachtleben, das sich im Sommer in die dazu aufgeschlagenen Zelte im Park verlagert, Zeichen von Lebenskraft. Und man darf auch den lebendigen Wochenmarkt nicht vergessen, der dort dienstags und samstags morgens abgehalten wird.

Das neue **Auditorium-Kongresspalast von Girona** liegt am westlichen Ende der Devesa.

CARPES DE LA DEVESA

Zwischen Mai und September haben Gironas Nachtschwärmer die Möglichkeit, sich in den *Carpes de la Devesa* zu vergnügen. Livemusik und ein Drink an der frischen Luft bis zum Morgengrauen.

Auditorium-Kongresspalast von Girona

In den Gärten des Parks gibt es auch Spielplätze

Dieser städtische Park ist eine idyllische Grünzone

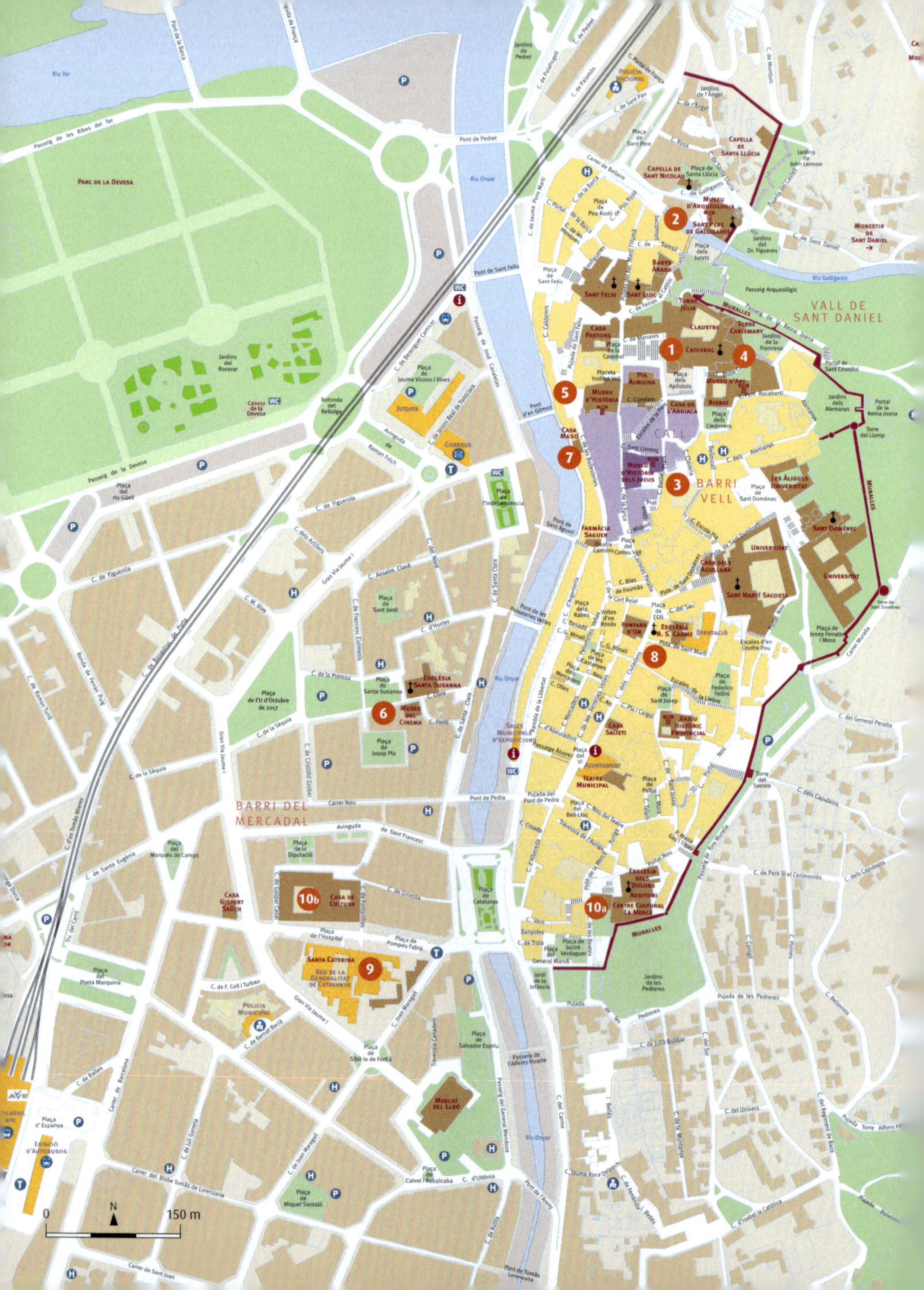

Riu Ter
Parc de la Devesa
Passeig de les Ribes del Ter
Passeig de la Devesa
Jardins del Roserar
Caseta de la Devesa
Pont de Pedret
Riu Onyar
Pont de Sant Feliu
Pont d'en Gómez
Pont de Sant Agustí
Pont de les Peixateries Velles
Pont de Pedra
Jardins de Pedret
Policia Nacional
Jardins de l'Àngel
Capella de Santa Llúcia
Jardins de John Lennon
Capella de Sant Nicolau
Plaça de Santa Llúcia
Museu d'Arqueologia
Sant Pere de Galligants
Plaça dels Jurats
Jardins del Dr. Figueres
Monestir de Sant Daniel
Riu Galligants
Passeig Arqueològic
Vall de Sant Daniel
Banys Àrabs
Sant Feliu
Sant Lluc
Plaça de Sant Feliu
Torre Júlia
Muralles
Torre Carlemany
Claustre
Jardins de la Francesa
Casa Pastors
Catedral
Portal de Sant Cristòfol
Museu d'Art
Pia Almoina
Museu d'Història
Bisbat
Casa de l'Ardiaca
Plaça dels Apòstols
Jardins dels Alemanys
Portal de la Reina Joana
Torre del Llamp
Call
Casa Masó
Museu d'Història dels Jueus
Barri Vell
Les Àligues Universitat
Plaça de Sant Domènec
Sant Domènec
Farmàcia Saguer
Universitat
Casa dels Agullana
Sant Martí Sacosta
Torre de Sant Domènec
Fontana d'Or
Església N. S. Carme
Diputació
Plaça de Josep Ferrater i Mora
Plaça de Federico Fellini
Arxiu Històric Provincial
Casa Saletti
Ajuntament
Teatre Municipal
Sales Municipals d'Exposicions
Torre del Socors
Església dels Dolors
Auditori
Centre Cultural La Mercè
Muralles
Jardins de les Pedreres
Plaça del Vi
Plaça de Catalunya
Jutjats
Correus
Plaça de Jaume Vicens i Vives
Rotonda del Rellotge
Plaça de la Independència
Plaça del riu Güell
Gran Via Jaume I
Plaça de Sant Jordi
Església Santa Susanna
Plaça de Santa Susanna
Museu del Cinema
Plaça de l'U d'Octubre de 2017
Plaça de Josep Pla
Barri del Mercadal
Plaça de la Diputació
Casa de Cultura
Casa Gispert Saüch
Plaça de Marquès de Camps
Santa Caterina
Seu de la Generalitat de Catalunya
Plaça de l'Hospital
Plaça de Pompeu Fabra
Plaça del Poeta Marquina
Policia Municipal
Plaça de Sibil·la de Fortià
Plaça de Salvador Espriu
Mercat del Lleó
Plaça d'Espanya
Estació d'Autobusos
AVE
Plaça de Calvet i Rubalcaba
Plaça de Miquel Santaló
Jardí de la Infància
Carrer del Bisbe Tomàs de Lorenzana
Carrer de Barcelona
Carrer de Sant Joan
Pont de l'Areny
Pont de Tomàs Lorenzana
C. del Carme
1
2
3
4
5
6
7
8
9
10a
10b
0
150 m
N

MUSEEN UND KUNSTGALERIEN

i www.gironamuseus.cat

1. MUSEUM DER KATHEDRALE
2. ARCHÄOLOGISCHES MUSEUM
3. MUSEUM DER GESCHICHTE DER JUDEN
4. KUNSTMUSEUM
5. GESCHICHTSMUSEUM DER STADT
6. KINOMUSEUM
7. CASA MASÓ
8. CAIXAFORUM GIRONA · FONTANA D'OR
9. ALTES HOSPITAL SANTA CATERINA
10. CENTRE CULTURAL LA MERCÈ UND CASA DE CULTURA

UNBEDINGT BESUCHEN

!

WANDTEPPICH DER SCHÖPFUNG S. 62

CASA MASÓ S. 78

APOTHEKE SANTA CATERINA S. 80

Tiquet**M6**
Girona**museus**

Mit dem Sammelticket Girona**museus** können Sie sechs Museen der Stadt zu einem sehr günstigen Preis besuchen. Sie müssen im ersten Museum den gesamten Eintrittspreis zahlen, in den übrigen zahlen Sie nur 50 %. Dieses Sammelticket ist 6 Monate gültig.

Die Kapelle L'Esperança

Außergewöhnliche,
arabische Schatulle von Hixem II

Der *Beatus* ist ein echtes, bibliographisches Schmuckstü

1 MUSEUM DER KATHEDRALE

Der ***Tapís de la Creació*** (*Wandteppich der Schöpfung*) ist das Prunkstück des Museums der Kathedrale; und gleichzeitig das einzige Gewebe aus dem 11. bis 12. Jahrhundert, das bis heute einigermaßen erhalten ist. Es wurde im Kettenstich bestickt, mit prächtiger, bunter Wolle auf einem groben Leinenstoff. Die Weber dieses riesigen Baldachins (365 x 470 cm), der hinter dem Altar aufgehängt wurde, stellten den Pantokrator in das Zentrum. Um ihn sind in konzentrischen Kreisen, ähnlich denen, die ein Stein beim Aufprall auf die Wasseroberfläche hervorruft, so wie die Fluten des Lebens, die Phasen der Schöpfung, die vier Winde abgebildet, und schließlich in den Randstreifen das Vorüberziehen der Monate, Jahreszeiten, und die Flüsse und Berge des Paradieses.

Der ***Beatus*** aus dem 10. Jh., ein Buch mit Kommentaren des Beato de Liébana über die Apokalypse, das mit Miniaturen illustriert ist, ist eines der schönsten Bücher der Welt. An diesen fantastischen und farbenfrohen vorromanischen Zeichnungen mit Einflüssen des Kalifenstils verbrachten der Prevere Emeterio und die Nonne Eude viele Stunden harter Arbeit. Auch die **Schatulle von Hixem** II (10. Jh.), eine der schönsten, arabischen Truhen auf der Iberischen Halbinsel, befindet sich in diesem Museum, und ebenso die **Verge de la Seu** (Jungfrau von Seu aus dem 12. Jh.), eine Heiligenfigur aus Holz, welche die romanische Kathedrale beherrschte, und die besonders schön verarbeitete **Bibel** Karls, des V. von Frankreich (15. Jh.).

Die reiche Symbolik der Szenen im Kreuzgang und der *Wandteppich der Schöpfung* stellen eine gute Einführung in den Geist der Romanik dar. Die Kunst diente als Ausdrucksmittel für die übernatürliche Botschaft. Der Gebrauch von Symbolen stellte in der Romanik eine direkte Kommunikation mit einer Realität dar, die sich außerhalb unserer Erfahrungen befindet, und die selbstverständlich in einer Epoche von Menschen, die des Lesens und Schreibens unkundig waren, weit über das bloße Wort hinausging.

i

In den Besuch des Museums sind auch die Besichtigung des Kirchenschiffs, des romanischen Kreuzgangs, der Schatzkammer der Kathedrale und der Kirche Sant Feliu eingeschlossen.

MUSEUM DER KATHEDRALE
Plaça de la Catedral
Tel. +34 972 42 71 89
www.catedraldegirona.cat

ÖFFNUNGSZEITEN
Von April bis Oktober, von 10:00 bis 18:30 Uhr. Juli und August, von 10:00 bis 19:30 Uhr. Von November bis März, von 10:00 bis 17:30 Uhr.

SANT CARLEMANY

1345 wurde in der Kathedrale von Girona ein Heiligenbild geweiht, das man als *Sant Carlemany* (heiliger Karl der Große) bezeichnete, und das beim Volk sehr großen Anklang fand. In Wirklichkeit stellt es den König Peter IV. den Zeremoniösen dar.

Wandteppich der Schöpfung
Mit Wolle bestickt
(365 x 470 cm)
Unbekannter Schöpfer

Es handelt sich um einen Wandteppich im romanischen Stil vom Ende des 11. oder Anfang des 12. Jh. Der Teppich ist das wichtigste textile Werk der romanischen Kunst, das sich weltweit erhalten hat, obwohl der untere Teil und ein Teil einer Seite fehlen.

Er wurde mit sehr feiner Wolle in starken Farben, vor allem in Rot-, Weiß-, Grün- und Gelbtönen auf einen groben Leinenstoff gestickt. Die Zeichnungen sind durch dicke, gut definierte Linien begrenzt.

Das Thema der Komposition ist die Figur des Weltherrschers, der sich in einem zentralen Kreis befindet. Um ihn herum sieht man in einem größeren, konzentrischen Kreis acht Szenen aus der Schöpfungsgeschichte, die von den vier Himmelsrichtungen umgeben sind. In die geraden Streifen sind die Figuren der Zeit und andere Figuren gewebt, die das Jahr und die vier Jahreszeiten darstellen. Darunter gibt es ein durchgehendes Fries, das die Geschichte der Erfindung des Kreuzes erzählt.

AN NUS
LUX
ADAM Ñ INVENIEBATUR SIMILEM SIBI
VOLATILIA CELI
MARE

2 ARCHÄOLOGISCHES MUSEUM, SANT PERE DE GALLIGANTS

Das Kloster **Sant Pere de Galligants**, eine alte Benediktinerabtei, und die Kirche Sant Nicolau, beide aus dem 12 Jh., bilden einen eleganten, romanischen Gebäudekomplex am rechten Ufer des Flusses Galligants, in der Straße Santa Llúcia. Ein besonders schönes Element von Sant Pere de Galligants ist die Fensterrose an der nüchternen Fassade der Kirche, und der dreistöckige Glockenturm, das untere Stockwerk viereckig und die beiden anderen achteckig. Der kleine Kreuzgang ist ein intimer Raum mit wertvollen, romanischen Skulpturen, die Szenen des Neuen Testamentes darstellen. Die Kapitelle, von denen viele mit Figuren aus der Kindheit Jesus und mit Ikonen aus der Tier- und Pflanzenwelt verziert sind, entstammen der gleichen Epoche und dem gleichen Stil wie die der Kathedrale, Der Grundriss der Kirche war der einer Basilika, und so besteht die heutige Kirche Sant Pere de Galligants, die 1130 erbaut wurde, aus drei Schiffen und Vierung mit vier Apsiden.

Das **Museu Arqueològic** (Archäologiemuseum) nähert den Besucher an die Geschichte des Menschen an, angefangen bei seinem Auftauchen in dieser Region in der frühen Altsteinzeit bis hin zu den Anfängen des Mittelalters. Die Sammlungen, die aus Fundorten in der Nähe der Stadt stammen, werden in den Seitenschiffen und den Apsiden ausgestellt. Der Beginn der Romanik ist eine der Epochen die am besten repräsentiert werden. Die Stücke der Sammlung, die sich der Besucher unbedingt ansehen sollte, sind die Ausstattungen der neolithischen Gräber, die Bleiplatte mit iberischer Schrift aus dem Castell de la Fosca die iberischen und griechischen Steintafeln aus Empúries, das Antennenschwert von Camallera und die Sammlung alltäglicher, römischer Objekte. Auch das römische „Grab der Jahreszeiten" ist sehenswert, es stammt aus Empúries und wird in der alten Sakristei ausgestellt.

Fensterrose von Sant Pere de Galligants

Tiquet **M6**
Girona**museus**

ARCHÄOLOGISCHES MUSEUM
Kloster Sant Pere de Galligants
c/ de Santa Llúcia, 8
Tel. +34 972 20 26 32
www.macgirona.cat

ÖFFNUNGSZEITEN
Mai bis September, 10:00 bis 19:00 Uhr.
Oktober bis April, 10:00 bis 18:00 Uhr.

Sonn- und feiertags das ganze Jahr über von 10:00 bis 14:00 Uhr.

Montags geschlossen.

Das Gebäude Sant Pere de Galligants hebt sich von den Gärten ab

Auf den Kapitellen sind Tiere und Pflanzen abgebildet

BÒLIT SANT NICOLAU

Die Kapelle Sant Nicolau ist heute eine der drei Räume des Kunstzentrums Bòlit Centre d'Art Contemporani, in dem regelmäßig Ausstellungen und kulturelle Veranstaltungen stattfinden.

www.bolit.cat

Gegenüber von Sant Pere de Galligants befindet sich die **Capella de Sant Nicolau**, die so klein ist, dass man sie als Kirche im Taschenformat beschreiben könnte. Es handelt sich um ein ausgeglichenes und wunderschönes Gebäude, auch wenn die Restauration eine tiefe Spur hinterlassen hat. Die augenblickliche Kirche stammt aus dem 12. Jahrhundert, aber unter der Kirche befinden sich Überreste eines älteren Gebäudes. Aufgrund der Auflösung des Klosters wurde die Kirche verlassen und vernachlässigt, bis die Stadtverwaltung sie erwarb und im Jahr 1940 mit der Restauration begann. Sie wurde als Lager für Leder benutzt. Im Laufe der Jahre begann man, in Sant Nicolau, unterschiedliche Kunstausstellungen zu organisieren. Heute gehört die Kirche zum **Bòlit Centre d'Art Contemporani**.

LA FONT DEL BISBE

Wenn man Sant Nicolau auf dem Weg ins Tal Sant Daniel verlässt, erreicht man nach dem Überqueren der Brücke über den Fluss Galligants den Bischofsbrunnen (*Font del Bisbe*), der bei den Gironesen sehr beliebt ist.

Seitenansicht der Kapelle Sant Nicolau

3 MUSEUM DER GESCHICHTE DER JUDEN

Das **Zentrum Bonastruc ça Porta**, Sitz der Synagoge des jüdischen Viertels, ist heute der wichtigste Ort, der an die jüdische Vergangenheit der Stadt erinnert. Es ist auch unter dem Namen des Meisters der Kabbala der Stadt Girona, Isaac el Cec, bekannt. In dem restaurierten Gebäude mit seinen idyllischen und einsamen Innenhöfen befindet sich das **Institut d'Estudis Nahmànides** und das **Museu d'Història dels Jueus** (Museum der Geschichte der Juden), das die 500-jährige Geschichte der Juden Gironas zusammenfasst.

Als der katalanische Schriftsteller Josep Pla folgende Worte schrieb: „In dem menschlichen Mosaik dieses Landes ist das hebräische Mosaiksteinchen das reinste", so bezog er sich vor allem und vor allen anderen Erwägungen auf das kulturelle Erbe. Die Steintafeln, die in diesem Museum ausgestellt werden, gehören zu den wenigen, physischen Zeugnissen der Juden Gironas. Es handelt sich um die wichtigste archäologische und epigraphische Sammlung des spanischen Staates. Sie wurde Ende des 19. Jahrhunderts in der Nähe des Berges Montjuïc, dem Berg der Juden, ausgegraben, und wird auch Bou d'Or genannt. Die aus der Zeit vom 12. bis zum 15. Jahrhundert stammenden Inschriften sind Lobreden auf die Verstorbenen und Zitate biblischer Fragmente. Die hebräischen Bibeln wurden zerstört. Die handschriftlichen Fragmente, die noch existieren, wurden deshalb gerettet, weil man sie als Füllung für den Einband alter Bücher der städtischen Verwaltung oder der Kirchenverwaltung benutzte.

In dem Studienzentrum werden Dokumente der **Kabbala** (Tradition) aufbewahrt, und auch esoterische und teosophische Lehren, die von den jüdischen Mystikern in den Gemeinschaften des christlichen Abendlandes angewandt wurden. Der Gelehrte Mossé ben Nahman, der auch als Nahmánides oder Bonastruc ça Porta bekannt war, war Repräsentant dieser Lehren in Girona.

Tiquet **M6**
Girona**museus**

MUSEUM DER GESCHICHTE DER JUDEN
c/ de la Força, 8
Tel. +34 972 21 67 61
www.girona.cat/call

ÖFFNUNGSZEITEN
Juli bis August,
10:00 bis 20:00 Uhr.
September bis Juni,
10:00 bis 18:00 Uhr.

Feiertags das ganze Jahr über von 10:00 bis 14:00 Uhr.

Sie können in der App **Visitmuseum** den Audioguide für dieses Museum herunterladen.
http://visitmuseum.gencat.cat

DIE MIKWE IN GIRONA

Neben dem Hof des Museums innerhalb des Geländes der ehemaligen Synagoge von Girona befindet sich die Mikwe (15. Jh.), ein Bad, in dem die jüdische Gemeinschaft ihr rituelles Tauchbad nahm. Sie wurde 2014 entdeckt und ist zusammen mit der von Besalú eine der wenigen, die noch in Europa erhalten blieben.

Im Jüdischen Museum werden Steintafeln ausgestellt

Die Mikwe

4 KUNSTMUSEUM

Das sehr reich und kohärent ausgestattete **Museu d'Art** zeigt dem Besucher die künstlerische Produktion im Einzugsgebiet von Girona, angefangen in der Zeit der Westgoten bis hin zur Gegenwart. Obwohl dieses Museum über keine permanente Sammlung zeitgenössischer Kunst verfügt, werden dort sehr oft zeitlich begrenzte Ausstellungen veranstaltet, in denen Werke der wichtigsten, zeitgenössischen Künstler gezeigt werden. Unverwechselbares Merkmal dieses Museums ist der Kontrast zwischen der modernen und der antiken Kunst. Die wichtigsten Stücke der Sammlung aus der romanischen Epoche sind der Altar **Ara portàtil de Sant Pere de Rodes** (10. Jh.) aus getriebenem Silber, und die **Biga de Cruïlles**, ein buntes Holzbild, das ungefähr aus dem 12. bis 13. Jahrhundert stammt, und auf dem eine Prozession von Mönchen dargestellt ist. Der **Glasbläsertisch** aus der Kathedrale (14. Jh.) ist der einzige, der in ganz Europa erhalten blieb. Aufgrund dieses Arbeitstisches konnte die Wissenschaft nachvollziehen, wie die kreativen Glasbläser der Gotik gearbeitet haben. Das Löten von bunten Kristallen mit Hilfe von Blei, das auf diesem Arbeitstisch durchgeführt wurde, war die entscheidende Phase in ihrer Arbeit. Der **Martirologi**, eine Miniaturhandschrift, die ungefähr aus der Zeit um 1400 aus den Werkstätten von Wenzlau IV. in Böhmen stammt, entfaltet einen überraschenden Reichtum an Farben auf einem goldenen Untergrund.

In diesem Museum werden zwei außerordentliche Werke ausgestellt, die man sich in aller Ruhe ansehen sollte. Der **Altaraufsatz von Sant Miquel de Cruïlles**, von Lluís Borrassà hebt sich durch die Art und Weise hervor, in der die Farben behandelt wurden. Und bei dem **Altaraufsatz von Púbol**, ein Werk von Bernat Martorell, ist die Komposition und die Behandlung der menschlichen Figur meisterhaft gelöst. Martorell führte moderne Elemente in die religiöse Malerei ein.

Mare de Déu del Mont, Jungfrau aus dem 15. Jh. katalanisches Werk

Kunstmuseum

In dem Teil der Sammlung, die der Malerei des 20. Jahrhunderts gewidmet ist, werden Werke katalanischer Künstler ausgestellt. Unter diesen hebt sich besonders **Joaquim Vayreda** hervor, ein bekannter Landschaftsmaler aus der Schule von Olot, und **Santiago Rusiñol**, der sich von dem vorhergegangenen, anekdotischen Realismus lossagte. Der Besucher kann die Verführung der Kunst überall verspüren, in den wertvollen Möbeln, der Keramik, dem Glas, den Schmiedearbeiten und liturgischen Objekten.

Auch das Ausstellungsgebäude selbst steht dem, was darin ausgestellt wird, keinesfalls nach. Der **Palau Episcopal** (Bischofspalast), erbaut in verschiedenen Etappen in der Zeit vom 12. bis zum 16. Jahrhundert, ist ein beeindruckendes Gebäude. Sehen Sie sich nur die Fassade auf der Seite der Plaça del Apòstols an, den Gefängnisturm, den Thronsaal, die großen Fenster oder die romanischen Arkaden.

Tiquet **M6**
Girona**museus**

KUNSTMUSEUM
Pujada de la Catedral, 12
Tel. +34 972 20 38 34
www.museuart.com

ÖFFNUNGSZEITEN
Mai bis September,
10:00 bis 19:00 Uhr.
Oktober bis April,
10:00 bis 18:00 Uhr.
Feiertags das ganze
Jahr über von 10:00
bis 14:00 Uhr.

Montags geschlossen.

5 GESCHICHTSMUSEUM DER STADT

Eine Zusammenfassung der **Museu d'Història de la Ciutat** mit Modellcharakter, die von einem didaktischen Bestreben geleitet und mit wertvollen archäologischen Fundstücken und hochwertigen Kunstwerken illustriert ist. Die Sammlung geht von der Epoche der ersten Siedler in der Region aus, mit den prähistorischen Entdeckungen von Puig d'en Roca, bis zu Teilaspekten der zeitgenössischen Kultur.

Unter dem in den ersten Sälen ausgestellten Material, Nachbau einer römischen Stadt, hebt sich als Schmuckstück der Sammlung des Museum das **Römische Mosaik von Can Pau Birol** ab. Dieses auffallende Werk aus Stein, Marmor, Keramik und Glaspaste stellt ein Quadriga-Rennen im Zirkus Máximo in Rom dar. Beim Betrachten der mitreißenden und realistischen Szenen des Mosaiks

Römische Mosaik von Can Pau Birol

Tiquet **M6**
Girona**museus**

GESCHICHTSMUSEUM DER STADT
c/ de la Força, 27
Tel. +34 972 22 22 29
www.girona.cat/museuhistoria

ÖFFNUNGSZEITEN
Mai bis September, 10:30 bis 18:30 Uhr.
Oktober bis April, 10:30 bis 17:30 Uhr.

Feiertags das ganze Jahr über von 10:30 bis 13:30 Uhr.

Montags geschlossen.

LA CISTERNA

Dieser Zeitausstellungssaal des Museums, eine 15 m hohe und 10 x10 m breite Zisterne mit einem Steingewölbe auf Säulen, gehörte zum Untergeschoss des alten Kapuzinerklosters Sant Antoni. Man erreicht den Saal über die Steigung Sant Feliu.

Der erste Engel der Kathedrale befindet sich im Museum

In diesem Saal wird die Stadt Girona des 20. Jh. erklärt

fühlt sich der Besucher in den Film *Ben Hur* versetzt, und das, obwohl es sich um ein Werk aus dem Jahre 300 nach Christus handelt. Eine andere Episode, an die das Museum erinnert, ist die **Guerra del Francés** (1808-1814), als die Belagerung Gironas durch die Truppen Napoleons stattfand. Der blutige Widerstand der Stadt wird ohne diesen hochtrabenden Tonfall beschrieben, der bei den Historikern des Franquismus so beliebt war.

Das Museum zeigt auch den technischen Fortschritt gegen Ende des 20. Jahrhunderts. Besonders gelungen ist die Ausstellung über die Entwicklung der Druckkunst, der Maschinen oder der Elektrifizierung. Dazu muss gesagt werden, dass Girona die erste Stadt auf der Iberischen Halbinsel war, in der die Strassen elektrisch beleuchtet wurden, und zwar schon 1886. In dem Gebäude hat sich ein schmutziges und beunruhigendes Bollwerk erhalten, ein Erbe der Mönchsgemeinschaft, die ursprünglich in der Kirche und dem Kreuzgang ein und aus ging. Es handelt sich um **vertikale Nischen**, in welche die Leichen eingeführt wurden, nachdem sie auf durchlöcherten Holzbänken sitzend getrocknet wurden, so wie es im Kapuzinerorden Sitte war. Im Barocksaal werden zwei Hinterlassenschaften der Kathedrale der Stadt ausgestellt, das alte Uhrwerk und das Original des Bronzeengels, der als Windfahne diente. In den Sälen für den ***Modernisme*** und ***Noucentisme*** sehen wir Werke der aus Girona stammenden Bildhauer **Ricard Guinó** und **Fidel Aguilar**, letzterer hinterließ wundervolle, ausgeglichene Skulpturen, obwohl ein früher Tod seiner jugendlichen Kreativität ein Ende setzte. Außerdem ist ein Teil der Ausstellung dem katalanischen Volkstanz *Sardana* gewidmet, und es wird eine kuriose Sammlung von Bleisoldaten gezeigt.

Tiquet **M6**
Girona**museus**

KINOMUSEUM
c/ de la Sèquia, 1
Tel. +34 972 41 27 77
www.museudelcinema.cat

ÖFFNUNGSZEITEN
Von September bis Juni, von 10:00 Uhr bis 18:00 Uhr.
Juli und August, von 10:00 Uhr bis 19:00 Uhr.
Montags und Feiertags von 10:00 bis 14:00 Uhr.

Sie können in der App **Visitmuseum** den Audioguide für dieses Museum herunterladen.

http://visitmuseum.gencat.cat

6 KINOMUSEUM

Das **Museu del Cinema** von Girona entstammt der Begeisterung, und zwar der Begeisterung, welche die Vorführung eines Wanderkinos auf einem Dorfplatz in einem aufgeweckter Rotzbengel wach rief. Die Leidenschaft für das bewegte Bild sollte ihn auch im Erwachsenenalter nicht verlassen. Sie wurde durch eine weitere Liebhaberei noch verstärkt, durch die Sammelleidenschaft. **Tomàs Mallol i Deulofeu** (Sant Pere Pescador, 1923) fing Ende der 60-ger Jahre an, Apparate für das Amateurkino zu sammeln, aber bald verlagerten sich seine Entdeckungsreisen in die sogenannte „Kinoarchäologie". Also in die Zeit, in der die Wissenschaft, die Technik, der Erfindergeist und manchmal sogar der Zufall die Apparate entstehen ließen, die unter großer Mühe, aber mit der Zeit immer realistischer die Welt in Bewegung wiedergaben.

Die offizielle Geburtsstunde des Kinos ist der 28. Dezember 1895, an dem die Gebrüder Lumière die erste öffentliche, kostenpflichtige Vorführung in einem festen Lokal in Paris organisierten. Das war jedoch nur das glückliche Wiegenfest einer Erfindung, die schon fünfhundert Jahre lang in Entwicklung war, und deren Urheber aus ganz verschiedenen Kontexten stammten. Das Kinomuseum erzählt die vielen Geschichten, die sich in diesen 500 Jahren zugetragen haben.

Der Besuch des 2500 Quadratmeter großen Museums beginnt im dritten Stock, in dem Figuren und Apparate für chinesische Schattenspiele ausgestellt werden, die entferntesten Vorläufer der Vorführung von Bildern. Eine der reizvollsten Abteilungen des Museums ist die, in der die **Zauberlaterne** ausgestellt werden, die im 18. und 19. Jahrhundert beim Volk sehr beliebt waren. Die handbemalten Glasplatten, von denen manche mit einer beeindruckenden Genauigkeit gestaltet sind, wurden in der Dunkelheit auf eine glatte Oberfläche projiziert. Danach kamen die Apparate mit ganz skurrilen Namen, Zootrop, Praxinoskop, Phenakistiskop etc., welche die Illusion der Bewegung durch aufeinanderfolgende, feste Bilder hervorriefen.

Das Wunder war möglich, da die menschliche Netzhaut sehr ausdauernd ist und es zuläßt, dass ein Bild latent für einen Bruchteil an Zeit, viel kürzer als eine Sekunde, in der Netzhaut gehalten wird. Dem Fortschritt im Bereich der in der Fotografie angewandten Chemie gelang es, die Realität festzuhalten und den Maler zu ersetzen. Es fehlte nur noch, dass die Bewegung und die Fotografie zueinander fanden. Die **Gebrüder Lumière** waren die ersten, die dieses Wunder wahr machten, und es vermarkteten. Ihre Apparate, von denen einer im Museum ausgestellt wird, ermöglichten es, zu filmen, zu kopieren und zu projizieren.

Das große Problem, den Film zu transportieren, an dem vorherige Erfindungen scheiterten, wurde hier gelöst, indem das System der Nähmaschinen kopiert wurde. Nähmaschinen lassen den Stoff gleiten, halten ihn aber kurz an, damit die Nadel sich hineinbohren kann. Mit dem gleichen Verfahren wurden die Bilder vor der Blende angehalten und Vibrationen vermieden. So wurde das Kino geboren. In dem Museum befinden sich ungefähr 8000 Objekte, Apparate und Zubehör aus der Zeit vor dem Kino und den ersten Jahren dieses Mediums. Außerdem beinhaltet die Sammlung 15.000 Dokumente wie Fotografien, Plakate, Stiche und Malereien, 800 Filme und eine Bibliothek mit 700 Büchern und Zeitschriften. Aber in diesem Museum findet der Besucher nicht nur Glaskästen, sondern auch audiovisuelle Mittel, Reproduktionen von Maschinen und interaktive Werkzeuge, die er bedienen kann, und so wird das Lernen zum Vergnügen.

Die Sammlung von Gläsern für die Zauberlaterne ist faszinierend

DIE WERKZEUGE DES KINOS

In dieser Abteilung des Museums werden Kameras, Filmprojektoren und anderes Zubehör aus der Anfangszeit der Filmindustrie gezeigt. Besonders interessant ist die Nachbildung des Vorführraums des alten Kinos von Torroella de Fluvià, ein kleines Dorf im Empordà.

Altes Kinoplakat, das für die ersten Filme wirbt

Zauberlaterne Aubert Polychrome, 1880

7 CASA MASÓ

Die Stiftung Rafael Masó widmet sich der Forschung und Öffentlichkeitsarbeit im Bereich der modernen Architektur, und insbesondere dem künstlerischen Nachlass von Masó und dem katalanischen *Noucentisme*. Der Sitz der Stiftung ist das Gebäude **Casa Masó**, das Geburtshaus des Architekten, das so erhalten blieb, wie dieser es zwischen 1910-1911 und 1918-1919 gestaltet hatte. Anfang des 20. Jh. war das Haus Masó eine wahre Botschaft des *Modernisme* und des *Noucentisme*. Bei dem Besuch der Hauses entdeckt der Besucher, wie eine bürgerliche Familie vor hundert Jahren in Girona lebte. Außerdem werden in diesem Haus, das als einziges der berühmten Häuser am Onyar für Besucher geöffnet ist, die Möbel und andere Kunstwerke aus der Hand Masós gezeigt. Die Möbel, die Keramik, die Fenster, die Dekorationsobjekte, die Gemälde- und Skulpturensammlung, die in den verschiedenen Räumen gezeigt werden, zeigen das tägliche Leben, die Handwerke, und die künstlerische und literarische Umgebung von Masó, seiner Familie und seiner Generation. Die Stiftung zeigt auch Zeitausstellungen über das Werk Masós, den katalanischen *Noucentisme*, die Gesellschaft Gironas in der damaligen Epoche und die moderne Architektur im allgemeinen. Das Casa Masó ist der Ausgangspunkt der **Ruta Masó**, auf der man verschiedene Gebäude des Architekten in Girona besichtigt (siehe Seite 96).

Tiquet **M6**
Girona**museus**

STIFTUNG RAFAEL MASÓ
Casa Masó
c/ de les Ballesteries, 29
Tel. +34 972 41 39 89
www.rafaelmaso.org

Führungen nach Anmeldung für kleine Gruppen.

DIE WANDTÄFELUNG

Um die Wandtäfelung aus Keramik an der Haupttreppe der Casa Masó zu dekorieren, erfand der Architekt 18 verschiedene Wappenmotive, die sich auf die Nachnamen und die Handwerke seiner Familie beziehen, und u. a. auch auf die Straße Carrer de les Ballesteries und auf die Stadt Girona.

◂ Auf dem von Masó entworfenen Büffet befindet sich die Porzellanfigur *Dona del farcell* (ung. 1906) von Enric Casanovas.

8 CAIXAFORUM GIRONA FONTANA D'OR

Diese Räumlichkeiten befinden sich in der Altstadt (Barri Vell) von Girona in dem historischen Gebäude **Fontana d'Or** (siehe Seite 39). Damit folgt man der Linie anderer Zentren von Caixaforum in ganz Spanien, in denen Kunstausstellungen, Konzerte, Literatur- und Poesieveranstaltungen, Diskussionsrunden und thematische Tagungen stattfinden. Auf über 1400 Quadratmetern verteilen sich Ausstellungs- und Konzertsäle und Räume für Workshops und andere Aktivitäten. Hier werden die besten Ausstellungen Gironas gezeigt. Die Kunst, die Musik, das Denken, die Wissenschaft und die Bühnenkünste teilen sich hier den Raum mit Sozial-, Bildungs- und Familienprogrammen und Öffentlichkeitsarbeit. Es handelt sich also um eine der wichtigsten kulturellen Infrastrukturen der Stadt.

i

CAIXAFORUM GIRONA
c/ dels Ciutadans, 19
La Fontana d'Or
Tel. +34 972 20 98 36

ÖFFNUNGSZEITEN
Von Montag bis Samstag,
10:00 bis 20:00 Uhr.
Sonn- und feiertags,
11:00 bis 14:00 Uhr

Freier Eintritt.

STADTWAPPEN

Unter dem Gewölbe des Gebäudes Fontana d'Or sieht man das gotische Wappen von Girona (16. Jh.) aus polychromen Stein. Es wird von zwei Engeln gehalten und stammt aus der *Casa de la Ciutat* (Rathaus).

La Fontana d'Or

9 ALTES HOSPITAL SANTA CATERINA

Dieses Hospital wurde Mitte des 17. Jh. errichtet und war über dreihundert Jahre lang das wichtigste Krankenhaus im Zentrum der Stadt. Nach einer umfassenden Renovierung und Erweiterung befindet sich heute in diesem Gebäude der gironesische Sitz der Landesregierung von Katalonien.

Das alte Barockgebäude des Hospitals Santa Caterina hat einen schönen **Innenhof** mit einer großen Freitreppe, über die man die übrigen Räume erreicht. Auf der linken Seite der Freitreppe befinden sich eine Tür und ein Gitter, die einen der großen Schätze des Gebäudes verbergen, die **alte Apotheke** (17. Jh.) mit der wertvollsten Sammlung von Apothekergläsern Kataloniens. Hier entdeckt der Besucher, wie man in den Apotheken der Vergangenheit arbeitete. In den edlen Regalen können Sie eine Vielfalt an wunderschönen Dosen, Arzneimitteln, Kisten für Heilkräuter, Gewichten und Maßen bewundern. Insgesamt befinden sich 300 perfekt erhaltene Teile in der Apotheke. Das Gewölbe ist mit bewundernswerten, barocken Malereien geschmückt.

In dem Gebäude befindet sich auch der **Espai Santa Caterina**, ein dynamischer Ausstellungsraum mit einem qualitativ hochwertigen, soziokulturellen Veranstaltungsprogramm.

Die Apotheke ist vollständig erhalten

i

APOTHEKE SANTA CATERINA
Plaça Pompeu Fabra, 1
Tel. +34 972 20 38 34
www.museuart.com

ÖFFNUNGSZEITEN
Samstags, sonntags und feiertags, von 10:00 bis 13:00 Uhr. Führungen nach Anmeldung.

ESPAI SANTA CATERINA
Passatge Aristides Maillol, s/n
Tel. +34 872 97 50 00

ÖFFNUNGSZEITEN
Dienstags bis samstags von 10:00 bis 18:00 Uhr.

DER GROßE TAG VON GIRONA

El gran día de Girona (19. Jh) ist ein Ölgemälde von Martí Alsina auf einer großen Leinwand (540 x 120 cm). Es stellt die Flucht der Franzosen aus der Stadt während des Unabhängigkeitskrieges am 19. September 1809 dar. Man kann dieses Gemälde in dem Auditorium Josep Irla in Santa Caterina bewundern.

10 CENTRE CULTURAL LA MERCÈ UND CASA DE CULTURA

Das **Kulturzentrum La Mercè** wurde im Jahr 1984 in dem alten Kloster La Mercè eröffnet. Es handelt sich um ein multidisziplinäres Kulturzentrum mit einem umfassenden Kunst- und Bildungsangebot für die Bewohner Gironas. Hier finden auch Vorschläge und Programme anderer Kulturbetreiber Platz, beispielsweise unabhängige Festivals, Proben, Konzerte, Tagungen, Kurse, Aufführungen, Aufstellungen usw. Es gibt ein Auditorium, Mehrzweckräume, Unterrichtsräume, Ausstellungssäle und offene Räume im Kreuzgang und im Innenhof.

In der **Haus der Kulturen** in dem alten Hospital aus dem 18. Jh. werden Aktivitäten jeder Art wie Konzerte, Kurse, Filmvorführungen, Ausstellungen und Kunstveranstaltungen aus verschiedenen Bereichen organisiert. Hier befinden sich auch der Sitz des Festivals des Amateurtheaters von Girona (FITAG), ebenso wie die Theaterschule el Galliner, die Musikkonservatorium und die öffentliche Bibliothek der Generalitat de Catalunya (Landesregierung).

i

KULTURZENTRUM LA MERCÈ
Pujada de la Mercè, 12
Tel. +34 972 22 33 05
www.girona.cat/ccm

i

CASA DE CULTURA
Plaça de l'Hospital, 6
Tel. +34 972 20 20 13
www.casadecultura.org

La Mercè

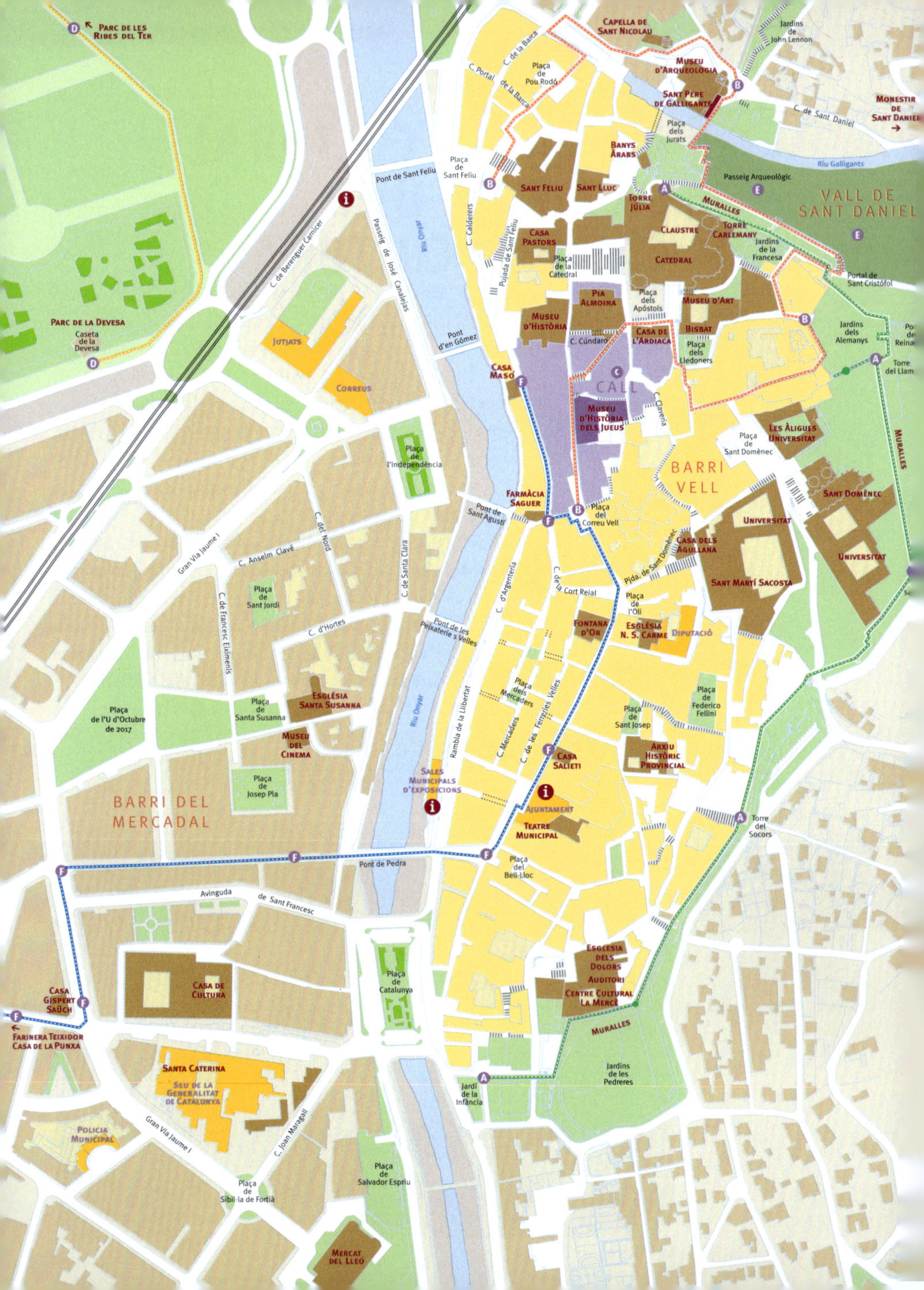

Parc de les Ribes del Ter
Capella de Sant Nicolau
Jardins de John Lennon
Museu d'Arqueologia
Sant Pere de Galligants
Monestir de Sant Daniel
C. de Sant Daniel
C. de la Barca
C. Portal de la Barca
Plaça de Pou Rodó
Plaça dels Jurats
Banys Àrabs
Riu Galligants
Passeig Arqueològic
Vall de Sant Daniel
Plaça de Sant Feliu
Pont de Sant Feliu
Sant Feliu
Sant Lluc
Torre Júlia
Muralles
Torre Carlemany
Jardins de la Francesa
Riu Onyar
Passeig de José Canalejas
C. Calderers
Pujada de Sant Feliu
Casa Pastors
Plaça de la Catedral
Claustre
Catedral
Portal de Sant Cristòfol
C. de Berenguer Carnicer
Pia Almoina
Plaça dels Apòstols
Museu d'Art
Parc de la Devesa
Caseta de la Devesa
Jutjats
Museu d'Història
Bisbat
Pont d'en Gómez
C. Cúndaro
Casa de l'Ardiaca
Plaça dels Lledoners
Jardins dels Alemanys
Portal de Reina
Torre del Llamp
Correus
Casa Masó
Call
Museu d'Història dels Jueus
C. Claveria
Les Àligues Universitat
Plaça de l'Independència
Plaça de Sant Domènec
Barri Vell
Muralles
Farmàcia Saguer
Pont de Sant Agustí
Plaça del Correu Vell
Sant Domènec
Universitat
C. del Nord
Gran Via Jaume I
C. Anselm Clavé
C. de Santa Clara
Casa dels Agullana
Pda. de Sant Domènec
Universitat
Sant Martí Sacosta
C. d'Argenteria
C. de la Cort Reial
Plaça de Sant Jordi
C. de Francesc Eiximenis
C. d'Hortes
Pont de les Peixateries Velles
Plaça de l'Oli
Fontana d'Or
Església N. S. Carme
Diputació
Plaça dels Mercaders
Plaça de l'U d'Octubre de 2017
Plaça de Santa Susanna
Església Santa Susanna
Riu Onyar
Rambla de la Llibertat
C. Mercaders
C. de les Ferreries Velles
Plaça de Sant Josep
Plaça de Federico Fellini
Museu del Cinema
Arxiu Històric Provincial
Casa Salieti
Plaça de Josep Pla
Sales Municipals d'Exposicions
Ajuntament
Teatre Municipal
Torre del Socors
Barri del Mercadal
Pont de Pedra
Plaça del Bell-Lloc
Avinguda de Sant Francesc
Plaça de Catalunya
Casa de Cultura
Església dels Dolors
Auditori
Centre Cultural La Mercè
Casa Gispert Saüch
Farinera Teixidor Casa de la Punxa
Muralles
Jardins de les Pedreres
Santa Caterina
Seu de la Generalitat de Catalunya
Jardí de la Infància
Policia Municipal
Gran Via Jaume I
C. Joan Maragall
Plaça de Salvador Espriu
Plaça de Sibil·la de Fortià
Mercat del Lleó

STRECKEN

THEMATISCHE ROUTEN DURCH DIE STADT

A DER SPAZIERWEG AUF DER STADTMAUER

Die robusten Stadtmauern, die vor Jahrhunderten die Stadt Girona umgaben und vor Feinden beschützten, sind heutzutage ein eindrucksvoller Aussichtspunkt mit Blick über die Stadt. Der Rundweg, der über ein langes Stück der Stadtmauer führt, wurde ehemals von den Soldaten benutzt. Dieser Rundweg ist tagsüber geöffnet und bietet dem Besucher eine ausgezeichnete Möglichkeit für eine erste Kontaktaufnahme mit der Stadt. Man kann am **Kindergarten** am Fluss Onyar den Aufstieg beginnen. Wenn man auf die Türme steigt, kann man die Stadt aus der Vogelperspektive betrachten.

i

STADTFÜHRUNGEN
Begrüßungspunkt
c/ Berenguer Carnicer, 3
Tel. +34 972 21 16 78
www.girona.cat/turisme
www.gironabooking.com

Das letzte Stück der Mauer führt zu wunderschönen Gärten

JARDÍ DE L'ÀNGEL

Auf dem letzten Abschnitt der Stadtmauer kann man von oben den Platz Jardí de l'Àngel betrachten, einer der geheimen Winkel der Stadt.

Mit Hilfe der Karte, die diesem Reiseführer beigelegt ist, können Sie die verschiedenen Gebäude und Grünflächen zu ihren Füßen identifizieren, leider sind auch ein paar unverzeihliche, urbanistische Schandflecken zu sehen. Die neugierigsten Besucher können jetzt ohne Sichtbehinderung die wundervollen Innenhöfe und Gärten betrachten, die sich zwischen den herrschaftlichen Häusern der engen Altstadt verbergen.

Halten Sie auf dem Aufsichtsturm Sant Domènec, dem höchsten von allen, an, um den wundervollen **Gebäudekomplex von Sant Domènec** zu betrachten. In diesem ehemaligen Kloster, von dem nur noch die Fassade erhalten ist, befinden sich die Hörsäle der Universitat de Girona, und die Kirche aus dem 14. Jahrhundert, ein besonders schönes, gotisches Gebäude mit einem sehr hohen Kirchenschiff. Diese Kirche soll demnächst restauriert werden. Ebenso sehenswert ist der Kreuzgang aus dem 17. Jahrhundert.

An einem Stück der Stadtmauer in dieser Zone kann man sehen, wie immer mehr an die Mauer angebaut wurde, wir sehen die unregelmäßigen Steinblöcke aus der romanischen Zeit (1. Jh.), die Türme aus dem Mittelalter und die Ziegelsteine, mit denen in der Neuzeit die Mauer restauriert wurde.

Alte Durchgänge für Soldaten wurden für Fußgänger geöffnet

Der Spazierweg auf der Stadtmauer

B EL BARRI VELL

Auf einem Hügel am rechten Ufer des Onyar gelegen, ist die **Altstadt** (Barri Vell) ein architektonisches *Increscendo*, das seinen Höhepunkt in dem höchsten Teil der Stadt in der Pracht der Kathedrale findet. Das jüdische Viertel **Call** ist das Knochenmark dieser historischen Altstadt, in der sich auf sehr kleinem Raum bemerkenswerte Kunstwerke konzentrieren. Sie sollten das Viertel zu Fuß durchstreifen, da der Verkehr in der Altstadt mit ihren engen Gassen und den vielen Touristen ab der am häufigsten benutzten Zufahrt Plaça Catalunya eingeschränkt ist. Die Straße **Carrer de la Força** ist die Wirbelsäule dieses Stadtlabyrinths und der Ausgangspunkt für viele Besuche. Sie war die ehemalige Verbindungsstraße zu dem Rest Europas, welche die Römer in die Via Augusta umwandelten. Früher war sie auch gleichzeitig die Hauptstraße, der die ganze Altstadt ihren Namen verdankt.

Sie können auch über die Treppe **Escales de la Pera** zur Kathedrale hochsteigen. Sie fangen bei dem zeitgenössischen Denkmal von Josep Maria Subirachs an die Erbauer von Seu an, und enden am Fuße einer großen Steinzisterne mit einem hübschen Brunnen. Ihren Namen verdanken sie einer barocken Jungfrau, deren Schrein sich an der Mauer befindet.

Über die **Plaça dels Apòstols**, den ehemaligen Friedhof des Viertels, kann man an der Seitenfassade die Kathedrale betreten. Das Portal ist ein filigranes, gotisches Werk, das immer noch beeindruckend ist, obwohl die Apostel in den für sie vorgesehenen Nischen fehlen. Ein anderer Ort, der dem Lauf der Zeit widerstanden hat, ist die Straße **Carrer dels Alemanys**, die parallel zur Stadtmauer verläuft, und in der sich eine Kaserne deutscher Truppen befand. Die Altstadt war schon im Verfallen begriffen, als die Demokratie zu ihrer Erhaltung beitrug. In der Gegenwart werden viele Gebäude wieder aufgebaut und sogar das *Barri Xino*, das ehemalige Rotlichtviertel der Stadt, wurde im Jahr 2000 abgerissen, um dort Raum für die **Plaça del Pou Rodó** zu schaffen.

Die Jungfrau de la Pera

ELS QUATRE CANTONS

Die Wegkreuzung *Els Quatre Cantons* an der Brücke Sant Agustí ist ein wichtiger Punkt in der Stadt. Ein Mosaik aus Stein, Eisen und Kupfer auf dem Boden symbolisiert das Aufeinandertreffen der vier Flüsse von Girona.

EL CUL DE LA LLEONA

Der dankbare Besucher kann mit der Stadt Girona einen Treuepakt schließen, indem er sich zu einer Säule hinaufreckt und den *Cul de la Lleona* (das Hinterteil der Löwin) aus Stein küßt, die sich in der Nähe der Kirche Sant Feliu befindet. Dieses Ritual garantiert die Rückkehr in die Stadt.

Im Herzen der Stadt sind hübsche Terrassen versteckt

Die Route der Studenten verläuft durch die Altstadt

Straße, die zum Eingang von Isaac el Cec führt

Die Gasse Cundaro im Judenviertel *Call*

BONASTRUC
ÇA PORTA

MUSEUM DER GESCHICHTE DER JUDEN
c/ de la Força, 8
Tel. +34 972 21 67 61
www.girona.cat/call

Siehe Seite 68.

C CALL JUEU

Die **Spur der Juden**, die Heraufbeschwörung der ätherischen Erinnerung, wird stärker, wenn man in das Viertel durch seine steilen, schattigen und feuchten Gassen eindringt. Die Steinlabyrinthe haben der Zerstörung der Zeit widerstanden. Im Schatten der Mauern kann der aufmerksame Besucher das Echo der Vergangenheit hören und seiner Fantasie freien Lauf lassen. An einer Ecke kann ihn ein heiteres Gespräch zwischen Hebräern und Christen überraschen, später hört er die Schreie der verängstigten Juden, die vor den Steinigungen fliehen, mit denen intolerante Mitbürger in der Osterwoche ihre jüdischen Mitbürger quälten. Obwohl königlicher Schutz zugesagt wurde, verschärfte sich die Spannung ab 1391, als die jüdische Gemeinschaft 800 Mitglieder zählte. Die Vergabe von Krediten, durch die sich ein Teil der Christen bei den Juden verschuldete, und die Nachbarschaft des ***Call*** zu der Kathedrale und den Klerikern waren eine permanente Konfliktquelle. Die Juden kleideten sich wie die Christen und sprachen Katalanisch, dennoch mussten sie zum Christentum übertreten oder das Land verlassen.

Die schönen Innenhöfe sind für die Besucher unzugänglich

Das Wort *Call*, das ursprünglich enger und tief liegender oder feuchter Durchgang bedeutete, wurde zur Definition des Viertels, das von der jüdischen Bevölkerung bewohnt wurde. Die **Aljama** war der jüdische Organismus, der das wirtschaftliche, kulturelle und religiöse Leben regelte. Das Herz des jüdischen Viertels ist das **Zentrum Bonastruc ça Porta** (Museum der Juden). Das Viertel wird von dem Platz der Kathedrale, dem Carrer de la Força, der Querstraße Lluís Batlle und dem Carrer de la Claveria begrenzt. Einige der alten Innenhöfe und Gassen gehören heute zu Privatgrundstücken. Ein hübscher Spaziergang führt durch das Gäßchen Sant Llorenç oder die Gasse Carrer Cúndaro. In den Steinen der Eingänge der Häuser des Call kann man immer noch die Nische erkennen, in welche die Juden die **Mezuzá** hefteten, ein Pergament, das religiöse Passagen enthielt.

D DER PARK DEVESA UND DIE RIBES DEL TER

Für den Spaziergänger, der die Stille sucht, für den ehrgeizigen Sportler oder für den Naturliebhaber sind dies zwei landschaftliche Paradiese. Die Route durch die **Devesa** beginnt bei der Caseta de la Devesa, ein kleiner Bau am Eingang zu den Gärten, in dem der Besucher über Routen und Ausflüge zur Entdeckung der Natur informiert wird. Es lohnt sich, in dem Park die Fontäne und den Pfauenkäfig zu besuchen. Wenn wir von diesem Spaziergang zurückkehren, sind unsere Sinne geschärft, um alle Töne dieser Symphonie der Natur einzufangen. Dann gehen wir weiter über die Hauptallee, in der sich die höchsten Bäume Kataloniens befinden, und sehen auf der rechten Seite eine Plattform aus Stein, von der aus vor vielen Jahren eine Militärkapelle die Schritte der Bürger Gironas bei ihrem Spaziergang durch den Park begleitete. Etwas dahinter befindet sich der Rasen des **Camp de Mart**, der auf den Namen des römischen Kriegsgottes getauft wurde, weil dort die Soldaten ihre Übungen abzuhalten pflegten. Heute befinden sich dort städtische Sportanlagen. Am Ufer des Flusses gibt es Bänke für ein Picknick und Wege, die eigens für Jogger ausgewiesen sind.

Am Ufer des Ter liegt noch ein anderer Naturpark, der Park **Ribes del Ter**, der alle Ornithologen begeistert. Die Insel Ter, wo der Onyar in den Ter mündet, ist heute ein Naturschutzgebiet. Außer Möwen nisten dort auch Entenvögel und Stelzenläufer.

Graureiher

DER MARKT IN LA DEVESA

Am Dienstag- und am Samstagmorgen findet in La Devesa der Wochenmarkt von Girona statt. Hier kann man die Früchte und das Gemüse der Bauern aus der Region erwerben, aber auch Kleidung, Accessoires und Haushaltsartikel.

Idyllische Gärten am Ribes del Ter

La Devesa

KLOSTER SANT DANIEL

Im Herzen des Tals erhebt sich das Kloster Sant Daniel. Der Grundriss der Klosterkirche hat die Form eines griechischen Kreuzes (11. und 12. Jh.), und der Kreuzgang aus dem 13. Jh. ist rechteckig. Weitere Informationen erhalten Sie unter: www.santdaniel.com

E ARCHÄOLOGISCHER SPAZIERWEG UND DAS VALL DE SANT DANIEL

Der **Passeig Arqueològic** bietet dem Besucher eine üppige Vegetation und interessante Architektur, einen großartigen Ausblick auf das monumentale Girona und Winkel von unerwarteter Schönheit. Er wurde in den Jahren von 1959 bis 1961 erbaut und hat dazu beigetragen, dass das alte Girona wieder an Wert gewann. Es wird jedoch gegen diese Konstruktion vorgebracht, dass sie die umgebende, architektonische Einheit unterbricht. Der Spazierweg, umsäumt von frischem Grün, führt zwischen dem idyllischen Fluss- becken des Galligants und einem langen Stück der Stadtmauer hindurch, an dem sich die mittelalterlichen **Türme Julia und Cornelia** aus dem 14. Jahrhundert erheben. Unter dem Turm Cornelia stellte der Bildhauer Josep Bosch „Piculives" im Jahr 1972 die „**Hausverwalterin des Heiligen Narziss**" auf, eine legendäre Köchin, welche die exquisiten Speisen des Bischofs Narcís zubereitete.

Ein Grünzone schließt sich an die Kathedrale von Sant Daniel an

Unter den wunderschönen Winkeln im Park **Jardins dels Alemanys** (Garten der Deutschen) hebt sich besonders das **Portal de la Reina Joana** aus dem 13. Jh. hervor. Die **Jardins de la Francesa** (Gärten der Französin), welche ihren Namen der Staatsangehörigkeit der ehemaligen Eigentümerin verdanken, werden von einem Stück der Stadtmauer begrenzt, von dem aus man einen herrlichen Ausblick auf die Stadt genießt. Auch der Park **Jardins de John Lennon** befindet sich dort in der Nähe. Von diesen Gärten aus steigt ein Stück der Stadtmauer zu dem Berg Montjuïc auf.

Die Landschaft des Tales **Vall de Sant Daniel**, in dem kristallklare Quellen entspringen, ist besonders idyllisch. Diese Landschaft wurde schon von vielen Malern und Schriftstellern porträtiert.

Jardins de la Francesa

F DER ARCHITEKT MASÓ

Einer der wichtigsten Vertreter der katalanischen Architektur des *Noucentisme*, **Rafael Masó** (1880-1935), hinterließ in Girona eine Spur seines Schaffens mit den einzigen Gebäuden aus der Zeit zu Beginn des 20. Jahrhundert, die einen Besuch wert sind. Durch seinen Kontakt mit dem *Modernisme* fühlte sich Masó sehr früh zu einer detaillierten Architektur hingezogen, die von den Elementen des *Noucentisme* bereinigt war. Nach seinem Studium in Barcelona zog er wieder in seine Heimatstadt Girona zurück, wo er sich mit einer großen Gruppe von Mitarbeitern umgab, die auf die verschiedensten angewandten Künste spezialisiert waren. Da waren Tischler, Schlosser, Steinmetze, Schmiede, Glasbläser usw.

Ein Spaziergang zum Kennenlernen der Architektur des *Noucentisme* von Masó könnte bei der **Apotheke Masó Puig** (heute Farmàcia Saguer in dem Carrer de l'Argenteria) anfangen. Dieses Gebäude war das erste, das er in Girona errichtete. Die Gesellschaft Gironas verstand seinen sehr persönlichen, verfeinerten Stil und die Kühnheit seines Werkes nicht, deshalb wurde ein Teil seiner Gebäude viele Jahre lang nicht instandgehalten. Ein Beispiel dafür ist die **Farinera**, die Mehlfabrik **Teixidor**. Dieses wundervolle Gebäude, in dem die Fabrik, Lager und die Privatwohnung des Besitzers untergebracht waren, wird von Volumen und Kugeln aus weißer Glaskeramik verziert, die an Mehlberge erinnern.

Das Geburtshaus **Casa Masó** (c/ de les Ballesteries, 29), besitzt eine auffallende Fassade zum Fluss hin, die mit charakteristischen Galerien und volkstümlichen Keramikarbeiten versehen ist. Dieses Gebäude wurde vor kurzem restauriert und ist heute der Sitz der Stiftung **Fundació Masó** (s. S. 78). Man kann die Räume besichtigen, die so erhalten sind, wie der Architekt sie zwischen 1912 und 1919 gestaltete, und den wundervollen Blick auf den Fluss Onyar genießen. In der Nähe der Farinera Teixidor kann man die **Casa de la Punxa** besuchen. Das Haus verdankt seinen Namen einem zylindrischen Turm, der von einer grünen Kuppel gekrönt ist. Das **Casa Gispert Saüch** in der Gran Via Jaume I und das Gitter am **Friedhof Girona** an der Landstraße von Sant Feliu de Guíxols sind ebenfalls bewundernswerte Werke von Masó.

DIE MUSIKSCHULE

Auf dem Gelände in dem Viertel Sant Narcís, auf dem einst die Mehlfabrik *Farinera Montserrat* stand, befindet sich heute die **Casa Ensesa**, ein Gebäude, das stark von dem *noucentistischen* Stil des Architekten geprägt ist. Heute ist das Gebäude der Sitz der städtischen Musikschule.

i

www.rafaelmaso.org

Masó selbst hat an seinem Geburtshaus gearbeitet

Casa de la Punxa

Der Architekt entwarf die heutige Apotheke Saguer

La Farinera wurde mit modellhaftem Charakter restauriert

EL PUNT

G LEGENDEN DER STADT

Girona ist reich an volkstümlichen Erzählungen, denen immer eine Wahrheit zugrunde liegt, die durch mythische Anhänge verändert wurde. Diese Erzählungen lassen uns die Ängste und Sehnsüchte der menschlichen Gemeinschaften in der Vergangenheit erkennen. Die berühmteste Legende ist die des Heiligen Narziss, des Schutzpatrons von Girona, der aus seinem rechtschaffenen Körper **riesige Mücken** aufsteigen ließ, deren tödlichen Stiche den französischen Invasoren ein Ende machten. Da die Franzosen jedoch auf die Invasion bestanden, verlängerte die volkstümliche Vorstellungskraft dieses Wunder entsprechend.

Die Legende von der **versteinerten Hexe** erzählt eine beispielhafte Geschichte von einer atheistischen, alten Frau, die in Hexenkünsten sehr gewandt war und die Prozessionen beleidigte und mit Steinen bewarf. Die göttliche Strafe verwandelte sie in einen Wasserspeier aus Stein, die einzige menschliche Form, die man auf einem der Strebepfeiler der Apsis der Kathedrale sehen kann. Das Regenwasser wäscht nun ihre böse Zunge.Die Jahre des Zusammenlebens der Juden und Christen in dem Barri Vell haben auch zur Entstehung von Legenden beigetragen. Es wird erzählt, dass vor ihrer Vertreibung die Hebräer ihre Schätze auf dem Friedhof des Montjüic vergruben. Dieser Friedhof ist unter dem Namen **Bou d'Or** (goldener Ochse) bekannt, dieser goldene Ochse ist einer der wertvollsten Schätze. Den Bürgern der Stadt gelang es niemals, all diese Reichtümer auszugraben, sie hatten panische Angst vor dem ohrenbetäubendem Gebrüll des Tieres, das aus dem Inneren der Erde drang, wenn jemand es wagte, den Boden mit einer Spitzhacke zu verletzen.

Die Touristenbüros der Stadtverwaltung organisieren regelmäßige Stadtführungen. Die **Route der Legenden** ist die beliebteste von allen. Es werden auch Führungen organisiert, um das jüdische Erbe kennen zu lernen, oft ist ein kulinarisches Angebot darin enthalten.

EL TRENET GERIÓ

Der Touristenzug *Trenet* ist die ideale Form, um die Stadt mit Kindern zu besuchen, oder für Personen, deren Bewegungsfähigkeit eingeschränkt ist. Der Zug fährt die Besucher durch die Altstadt und durch einen Teil der Neustadt. Die Tour fängt an der Brücke Pont de Pedra an und dauert ungefähr eine halbe Stunde. Während der Fahrt werden die Sehenswürdigkeiten und Straßen in mehreren Sprachen beschrieben.

El Trenet Gerió
Pont de Pedra
Tel. +34 972 35 20 64
www.carrilets.com

Die Jungfrau de la Pera krönt die Treppen

Der Wasserspeier der Hexe führte zur Entstehung einer Sage

KULTURVERAN-STALTUNGEN

Girona ist heute noch viel mehr als in der Vergangenheit eine dynamische und offene Stadt. Für die große Zahl an Kulturveranstaltungen, die das ganze Jahr über in Girona stattfinden, fast immer auf den Straßen und Plätzen der Stadt, braucht man viel Zeit. Besonderes zu empfehlen sind die Blumenausstellung **Girona, Temps de Flors**, das Theaterfestival **Temporada Alta**, das Volksfest **Fires de Sant Narcís** und die Veranstaltungen während der **Osterwoche**.

Jazzfestival von Girona

Es müssen aber noch weitere Veranstaltungen erwähnt werden. Während des **Festival Strenes** kann man die beste Musik auf Katalanisch hören. Das **Internationale Festival des Amateurtheaters FITAG** ist eine wichtige Veranstaltung für alle Amateurtheater Spaniens. Auch zu dem **Jazzfestival von Girona** werden jedes Jahr bekannte internationale Musiker eingeladen, die das anspruchsvolle Musikprogramm im **Konzertsaal Auditorium La Devesa** ergänzen. Das **Kino Truffaut** zeigt ausgezeichnete Filme in der Originalfassung, die in den kommerzielleren Kinos nicht zu sehen sind, und es werden Filmzyklen, Gesprächsrunden und Wettbewerbe veranstaltet.

GIRONA A CAPPELLA

Das Musikfestival *Girona a Cappella* findet in jedem Jahr zur gleichen Zeit wie die Blumenschau *Temps de Flors* statt. Es treten Chöre und Gesangsgruppen auf, die die Tausenden von Besucher unterhalten, die die blumengeschmückten Straßen der Stadt bewundern.

www.gironacappella.cat

GIRONA, *TEMPS DE FLORS*

Im Mai blüht Girona auf. Über hundert Blumenarrangements in allen Winkeln, Straßen und auf den Plätzen der Stadt, an Balkonen, in Museen, Kirchen, Kreuzgängen, Privathäusern, Innenhöfen und Geschäften schmücken die Stadt mit Blumen, um so Tausende von Besuchern zu empfangen, die nach Girona kommen, um diese bunte und duftende Woche in der Stadt zu erleben. Bei dem Spaziergang durch Girona kann man auch die Gelegenheit nutzen, um Ausstellungen, Konzerte, Diskussionsrunden und Veranstaltungen jeder Art zu besuchen. Sie sollten bei diesem Gironabesuch ein Programmheft bei sich tragen.

i www.gironatempsdeflors.cat

GIRONA, STADT DER FESTIVALS

Eine so schöne und lebendige Stadt wie Girona hat natürlich viel Kultur zu bieten. Es finden ungefähr zwanzig Festivals verschiedener Kunstrichtungen statt, die von den Einheimischen und Touristen besucht werden. Lassen Sie sich beim Stadtbesuch von der Kultur begleiten, und genießen Sie Musik, Theater, Kino und Zirkus auf den Plätzen und Straßen der Stadt.

TEMPORADA ALTA

www.temporada-alta.cat

Jedes Jahr im Herbst wird das Theaterfestival Temporada Alta veranstaltet, das im Laufe der Jahre zu einem der beliebtesten Festivals dieser Art in Spanien wurde, und zu einem Treffpunkt für Künstler unterschiedlicher Herkunft und auch für das Publikum. Ein Festival der Bühnenkünste, auf dem viel katalanisches Theater und auch bekannte internationale Theatergruppen gezeigt werden.

Auf diesen Seiten geben wir Ihnen schon einmal einen Vorgeschmack auf die wichtigsten Veranstaltungen. In dem praktischen Führer (S. 146) finden Sie die Informationen zu allen Festivals.

Informationen, Uhrzeiten und Veranstaltungskalender:

www.girona.cat/cultura/cat/festivals.php

Theater Municipal

BLACK MUSIC FESTIVAL

www.blackmusicfestival.com

Im Frühjahr bringt das Black Music Festival die beste internationale Black Music in die Stadt. Soul, Jazz, Reggae, Blues, Funk, R&B, Hiphop... in verschiedenen Konzertsälen und Kulturzentren der Stadt wird Ihnen das Beste aus diesen Stilen geboten.

GIRONA JAZZ FESTIVAL

www.gironajazzfestival.cat

Jazzliebhaber...hier sind Sie im Paradies! Seit dem Jahr 2000 wird im Rahmen des Jazzfestivals von Girona ein vielseitiges und hochwertiges Programm geboten. Sie haben Gelegenheit, Künstler zu hören, die man nicht überall live erleben kann.

Es lohnt sich ein Besuch des Sunset Jazz Club, er ist ganzjährig geöffnet. www.sunsetjazz-club.com

FESTIVAL STRENES

www.festivalstrenes.cat

Auch katalanische Musik kann man mit viel Kraft und Dezibel auf den Straßen, Plätzen und in den Konzertsälen der Stadt hören. Auf diesem Festival werden neue Arbeiten vorgestellt, hier beginnen oder enden Tourneen, und so gewinnt eines der erfolgreichsten Festivals der Stadt immer mehr an Prestige.

FITAG

www.fitag.cat

Für internationale und nationale Amateurtheater ist die Fitag eine wichtige Bühne, auf der sie ihre Arbeit einem breiten Publikum zeigen können. Die Aufführungen finden in verschiedenen Lokalen der Stadt und anderer Gemeinden im Landkreis Girona statt.

Umzüge mit Giganten

Castellers im Plaça del Vi

FIRES DE SANT NARCÍS

Ende Oktober findet das Volksfest Sant Narcís statt, das Patronatsfest von Girona. In dieser Woche wird das umfassendste Veranstaltungsprogramm des ganzen Jahres geboten, Umzüge mit Giganten, Konzerte, *Castellers* (Menschentürme), *Correfocs* (Feuerwerksumzüge), Tanz, Theater, Kinderunterhaltung, Zirkus, *Sardanes* und vieles mehr. In der Devesa findet eine Kirmes statt, und in den Unterständen, den so genannten *Barraques* am Passeig de la Copa, trifft sich die Jugend auf den Konzerten, die jeden Tag bis ins Morgengrauen stattfinden.

i www.firesdegirona.cat

Kirmes in La Devesa

!

STRAßEN-SPEKTAKEL

Die *Fira del Dibuix i Pintura* (Messe der Zeichnungen und Gemälde) ist eine der Hauptveranstaltungen der Fires de Sant Narcís. Die Umgebung des Platzes del Vi füllt sich mit Künstlern, die ihre Werke zeigen und verkaufen.

Prozession *del Sant Enterrament*

OSTERWOCHE KARFREITAG

Die Prozession *del Sant Enterrament* wird mit dem Umzug der *Manaies* eröffnet. Die Manaies sind die Truppe römischer Soldaten in der Kaiserzeit, die das Publikum mit ihren Brustharnischen aus vergoldetem Messing und ihren typischen Bewegungen, die Kreise oder Sterne bilden, beeindrucken. Ihnen folgen Podien auf Traggestellen mit Bildern, die das Leben und den Tod Christus darstellen. Neben diesen marschieren die *Vestes*, die Tunikas, die ihre Gesichter unter langen Kleidern und Kapuzen verstecken. Der beeindruckendste Teil dieses Schauspiel ist der Aufstieg zur Kathedrale.

i www.juntaconfrariesdegirona.cat

Manaies

F R A N C E
Amélie-les-Bains
Céret
le Perthus
Prats de Motlló
Paratge Natural de l'Albera
la Jonquera
Portbou
Colera
Llançà
el Port de la Selva
Cap de Creus
ALT EMPORDÀ
Darnius
Garriguella
Sant Pere de Rodes
la Muga
Peralada
Parc Natural de Cap de Creus
Portlligat
Cadaqués
Sant Llorenç de la Muga
Llers
Vilabertran
Castelló d'Empúries
Roses
Figueres
Empúriabrava
Cap Norfeu
Parc Natural del Cadí-Moixeró
Lladó
Parc Natural dels Aiguamolls de l'Empordà
Golf de Roses
Navata
Castellfollit de la Roca
la Vall de Bianya
Besalú
Torroella de Fluvià
Sant Pere Pescador
Serinyà
Parc Natural de la Zona Volcànica de la Garrotxa
el Fluvià
Empúries
Olot
PLA DE L'ESTANY
L'Escala
Camprodon/Ripoll
Puigcerdà/Llívia
Santa Pau
Banyoles
GARROTXA
els Hostalets d'en Bas
L'Estartit
Illes Medes
Verges
Parc Natural de les Illes Medes, el Montgrí i el Baix Ter
Flaçà
Parlavà
Torroella de Montgrí
Celrà
Púbol
Platja de Pals
GIRONÈS
Sarrià de Ter
Ullastret
Peratallada
sa Riera
sa Tuna
Pals
Begur
Monells
Cap de Begur
el Ter
Girona
La Bisbal d'Empordà
Vulpellac
Aiguablava
Anglès
Palafrugell
Tamariu
Cap de Sant Sebastià
BAIX EMPORDÀ
Llafranc
Cassà de la Selva
Calella de Palafrugell
Romanyà de la Selva
Calonge
Sant Hilari Sacalm
Palamós
Santa Coloma de Farners
Sant Antoni de Calonge
Santa Cristina d'Aro
Caldes de Malavella
Llagostera
Platja d'Aro
Sils
S'Agaró
SELVA
Arbúcies
Maçanet de la Selva
Vidreres
Sant Feliu de Guíxols
Parc Natural del Montseny
Hostalric
Tossa de Mar
Tordera
Lloret de Mar
VALLÈS ORIENTAL
Blanes
Sant Celoni
MARESME
Mar Mediterrània
AP-7
N-II
N-260
C-260
C-31
A-26
C-66
C-37
C-63
C-65
C-25
C-35

UMGEBUNG VON GIRONA

ROUTEN IM AUTO

R1

DIE COSTA BRAVA
KÜSTENDÖRFER
→ S. 110
BUCHTEN UND STRÄNDE
→ S. 118

R2

DÖRFER IM LANDESINNEREN
→ S. 124

R3

NATURPARKS
→ S. 130

R4

DAS DALÍ-DREIECK
→ S. 138

Das landschaftliche und kulturelle Erbe von Girona und Umgebung ist sehr vielfältig und abwechslungsreich, so dass es für jeden Besucher etwas zu entdecken gibt, egal wie unterschiedlich die Interessen auch sind. Wir schlagen vier Autorouten für die Freizeit und den Kulturtourismus vor. Ein Besuch der **Dörfer im Binnenland** und der **Naturparks** ist der Mühe wert, und auch die **Costa Brava** mit ihren Dörfern und Stränden ist eine wundervolle Region. Die Besichtigung des **Dalí-Dreiecks** ist für die Liebhaber der Kunst und des Surrealismus fast schon eine Pflichtübung.

Museumshaus Salvador Dalí, Portlligat

Aigua Xelida

Vulkan Santa Margarida

Cadaqués

R1

DIE COSTA BRAVA KÜSTENDÖRFER

Die Küste der Provinz Girona, die sich von **Blanes** bis **Portbou** erstreckt, wird unter dem Namen Costa Brava zusammengefasst, es gibt sicherlich „wilde“ Küstenabschnitte wie die steilen Abgründe des Naturparks **Cap de Creus**. Es gibt noch Orte an der Costa Brava, die den Angriffen des Betons direkt am Meer widerstehen konnten, dazu gehören **Llançà**, **Calella de Palafrugell** oder **Tossa de Mar**. Auch **Cadaqués**, eine kosmopolitisches Künstlerdorf, muss unbedingt besucht werden, auch wenn die Zufahrtsstraße sehr kurvig ist und an der Steilküste entlang führt. Wer sich in das Nachtleben stürzen und dem Treiben in den Diskotheken und den alkoholischen Getränken hingeben will, der kann dies in **Lloret de Mar**, **Platja d'Aro** oder **Empúriabrava** tun. Außer zahlreichen Sporthäfen und den mit Bojen abgesteckten Zonen, welche die sommerlichen Ausflüge im Schiff erleichtern, gibt es immer noch wichtige Fischereihäfen in **Roses**, **L'Escala**, **Palamós** und **Blanes**.

G!

Die Tourismusmarke **Costa Brava-Pirineu de Girona** umfasst nicht nur die Strände und die Küste, sondern alle Landkreise von Girona. Und in Aufenthalt an der Costa Brava wird durch einen Abstecher in die Berge nur noch bereichert.

PORTBOU

Passages, memorial W. Benjamin | Meeresmarkt: Juli

Der Bau des ersten internationalen Bahnhofes in Portbou und die Eröffnung der Eisenbahnlinie im Jahr 1872 war ein entscheidender Faktor für die Modernisierung dieses kleinen Fischerdorfes. Der deutsche Philosoph Walter Benjamin starb am 26. September 1940 auf seiner Flucht vor den Nazis in Portbou.

COLERA

Honigfest: Juni

Wenige Kilometer entfernt liegt Colera mit seinem wundervollen, ruhigen Strand inmitten der felsigen Umgebung der Buchten von Cap Ras. Das Herz des Dorfes ist der Platz Pi i Margall, der von einer über hundertjährigen Platane überschattet wird.

Bucht von Cadaqués

LLANÇÀ

Aquarellmuseum | Patronatsfest des Hafens: Juli

Die Küstenstadt Llançà befindet sich zwischen L'Albera und Cap de Creus. Diese Lage ist eine Garantie für wunderschöne Strände, Buchten und beeindruckende Berglandschaften. Llançà unterteilt sich in die Hafenzone mit dem alten Friedhof, Zentrum der Fischer und Seele des Ortes, und das Dorf in Landesinneren.

EL PORT DE LA SELVA

Kloster Sant Pere de Rodes | Spargelfest: März

El Port de la Selva ist ein ruhiges Fischerdorf mit weißen Häusern und engen Gassen am Fuße des Gebirgszugs Serra de Rodes, in dem sich noch die traditionelle Struktur eines Fischerhafens erhalten hat. Das alte Benediktinerkloster Sant Pere de Rodes (11. Jh.) ist das wichtigste kulturelle Erbe des Landkreises.

CADAQUÉS

Museumshaus Dalí, Portlligat | Cap de Creus

Auch heute noch herrscht in diesem ehemaligen Fischerdorf die Atmosphäre, die gegen Ende des 19. Jh. so viele Künstler anlockte. Die engen Gassen und die felsigen Buchten haben die zeitgenössische Ästhetik und unser Schönheitsbild stark beeinflusst.

ROSES

Museum der Ciutadella | Karnevals | Blues festival: August

Jahrhundertelang lebte der Ort von der Seefahrt und dem Fischfang, was auch die Sitten und Gebräuche prägte. In der Nähe der Fischerkais befinden sich der neue, gut ausgestattete Sporthafen und der Sitz der Segelschule. Die Altstadt von Roses liegt innerhalb der Festungsmauern der Ciutadella.

CASTELLÓ D'EMPÚRIES

Ökomuseum des Mehls | Mittelaltermarkt: September

Castelló d'Empúries erlebte seine Glanzzeit im Mittelalter. Aus dieser Epoche blieben viele prächtige Gebäude, Plätze mit Säulengängen und große Herrenhäuser erhalten. Die Basilika Santa Maria, mit deren Bau im 13. Jh. begonnen wurde, ist einer der größten Schätze der katalanischen Gotik.

EMPURIABRAVA

Fallschirmspringen

1967 errichtete man zwei Kilometer vom historischen Zentrum entfernt Empuriabrava, eine Siedlung mit privaten Anlegeplätzen und einem Kanalnetz, die grö te ihrer Art in Europa. Es gibt ein 24 km langes Netz an befahrbaren Kanälen und 5000 Anlegeplätze.

SANT PERE PESCADOR

Windsurfing Weltmeisterschaften

Obwohl der Strand etwas weiter von Sant Pere entfernt liegt, kann man ihn zu Fuß, auf dem Fahrrad oder mit dem Auto erreichen. Aufgrund des starken und anhaltenden *Tramuntana*-Windes finden hier Windsurf- und Kitesurfmeisterschaften statt.

L'ESCALA

Ruinen von Empúries | Museum der Sardelle und des Salzes

L'Escala entstand im 16. Jh. als ein Fischerhafen, der von dem Nachbarort Empúries abhing. Zwischen Sant Martí d'Empúries und L'Escala erstrecken sich eine Reihe wunderschöner Strände mit einer guten Infrastruktur. Man erreicht sie über einen Waldweg, der vor der griechisch-römischen Ausgrabungsstätte entlangführt.

Ruinen von Empúries

Plaça de Port Bo, Calella de Palafrugell

L'ESTARTIT

Medes-Inseln | Tauchen

L'Estartit war ein Fischerviertel, das im 18. Jh. entstand. Hier gibt es große Strände mit einem umfassenden Dienstleistungsangebot, einem Yachtclub und einem Tauchzentrum.

PALS

Museum der unterseeischen Archäologie Ca la Pruna | Reisfelder

Die Altstadt von Pals erhebt sich auf einem Hügel, auf dessen Gipfel sich der Aussichtspunkt Pedró befindet. Von hier aus hat man einen wundervollen Blick auf die Medes-Inseln und die Gebirgszüge Montgrí, Canigó und L'Albera. Der Strand liegt zwischen Torroella de Montgrí und Begur. Er ist dreieinhalb Kilometer lang und von feinem Sand bedeckt.

BEGUR

Indianos Volksfest: September

Die typische Ansicht von Begur sind die Gassen und die Anhöhe, auf der sich die mittelalterliche Burg erhebt. Auch der Zauber der alten Fischerhütten in den Buchten, der kleinen Gassen der Altstadt mit ihren Verteidigungstürmen und der prachtvollen Häuser der Indianos, der zurückgekehrten Auswanderer, hat sich bis heute erhalten.

CALELLA DE PALAFRUGELL

Habaneras-Konzert in Port Bo: Juli

Das Dorf hat den Charme der alten Zeit der Fischer bewahrt. Es umgibt den kleinen Hafen Port Bo und dessen Strand, wo die Fischer an stürmischen Tagen Schutz suchten.

PALAMÓS

Fischfangmuseum

Die Fischerei ist auch heute noch einer der wichtigsten Wirtschaftszweige in Palamós. Im Hafen teilen sich jedoch der Handel und der Sport mit großen Segelschiffen den Raum. Der Segelclub (Club de Vela) Palamós wurde 1972 gegründet und organisiert internationale Meisterschaften wie die Regatta *Christmas Race*.

PLATJA D'ARO

S'Agaró | Karnevals | Bierfest: Oktober

Platja d'Aro war ursprünglich das Fischerviertel von Castell d'Aro. Der Tourismus änderte diese Beziehung radikal, denn in dem Maße, in dem Platja d'Aro wuchs und zu einem der Hauptfreizeitzentren an der Costa Brava wurde, rückte die historische Stadt in den Hintergrund.

S'Agaró

Rundtempel Linné, Garten Marimurtra, Blanes

SANT FELIU DE GUÍXOLS

Musikfestival Porta Ferrada: July und August

Dieser Ort ist von großen, landschaftlichen Kontrasten geprägt, denn er ist von dem Gebirgszug Serra de Les Gavarres umgeben, und die schroffe Küstenlinie ist voller Steilküsten. Auch heute noch kann man die Essenz des ehemaligen Fischerdorfes verspüren.

TOSSA DE MAR

Stadtmuseum | *Vila Vella*

Die ummauerte Silhouette von Tossa mit ihren sieben Türmen scheint dem Blau des Meeres und dem felsigen Vorgebirge zu trotzen. Die Bevölkerung lebte vom 12. bis zum 16. Jh. innerhalb der Stadtmauern. Erst danach entstanden die ersten Häuser außerhalb der Mauern.

LLORET DE MAR

Meeresmuseum | Tanz *Almorratxes*: Juli

Der Tourismusboom zwischen den Fünfziger- und Achtzigerjahren hat dieses jahrtausendalte Dorf zu einem der Zentren des Massentourismus an der Costa Brava gemacht. Der Stadtstrand von Lloret reicht von der Landspitze Punta d'en Rosaris bis zur Punta des Calafats.

BLANES

Botanische Gärten: Marimurta und Pinya de Rosa

Falls Sie einen schönen Blick auf den Hafen und die Bucht genie en möchten, sollten Sie auf den Aussichtspunkt auf der Anhöhe Sant Joan steigen. Blanes ist eine Stadt mit einem interessanten historischen Nachlass. Entlang der Straße Ample erheben sich die mittelalterlichen Häuser, und hier befinden sich auch ein gotischer Brunnen und die modernistischen Herrenhäuser.

R1

DIE COSTA BRAVA BUCHTEN UND STRÄNDE

In der Nähe der Stadt Girona befinden sich zahlreiche schöne Strände und Buchten. Falls Ihnen ein Fahrzeug zur Verfügung steht und Sie genug Zeit haben, sollten Sie sich diese nicht entgehen lassen. Dieser Küstenstreifen ist von großer, ausgeglichener Schönheit und voller Kontraste. Die Wellen treffen mit voller Wucht auf große Felsen, dahinter liegen schattige Pinienhaine, die zu einer *Siesta* im Sommer einladen.

CALA DEL PI
Portbou

GARBET
Colera

EL CAP RAS
Colera | Llançà

LA FARELLA
Llançà

TAMARIUA
El Port de la Selva

CALA CULLERÓ
Pla de Tudela | Cap de Creus | Cadaqués

ES LLANER
Cadaqués

CALA JÓNCOLS
Roses

CANYELLES PETITES
Roses

STRAND MOLL GREC
Strände von Empúries | L'Escala

CALA MONTGÓ
L'Escala

ILLA ROJA
Strand von Pals

SA TUNA
Begur

AIGUABLAVA
Begur

AIGUA XELIDA
Palafrugell

LLAFRANC
Palafrugell

PORT BO
Calella de Palafrugell

CALA ESTRETA
Palamós

STRAND CASTELL
Palamós

LA FOSCA
Palamós

STRAND SANT ANTONI
Sant Antoni de Calonge

ROQUES PLANES
Sant Antoni de Calonge

CAP ROIG
Sant Antoni de Calonge

STRAND SA CONCA
S'Agaró | Platja d'Aro

STRAND SANT POL
Sant Feliu de Guíxols

STRAND SENYOR RAMON
Santa Cristina d'Aro

ES CODOLAR
Tossa de Mar

SA BOADELLA
Lloret de Mar

SANT FRANCESC
Blanes

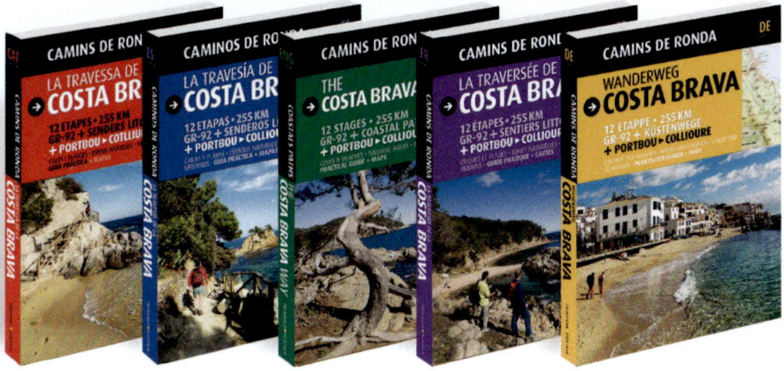

WANDERWEG
COSTA BRAVA
Karten der Routen, Buchten und Strände, Naturlandschaften, Siedlungen, praktischer Führer...

TRIANGLE POSTALS
Deutsche Übersetzung:
ISBN: 978-84-8478-421-0

WANDERWEG COSTA BRAVA
Die Costa Brava zu Fuß

R2

DÖRFER IM LANDESINNEREN

Die Dörfer im Landesinneren bilden einen perfekten Kontrast zu der Atmosphäre der Costa Brava. Die raue Berglandschaft mit einigen Gipfeln, die fast dreitausend Meter hoch sind, wird durch sanfte, schöne Täler und Ebenen besänftigt, durch die sich Flüsse mit kristallklarem Wasser schlängeln. Neben den wundervollen Landschaften, die zum Ausruhen und Genießen der üppigen Natur einladen, gibt es kulturelle Routen und Sehenswürdigkeiten. In dieser Region findet man wundervolle Beispiele der romanischen Kunst.

SIEHE KARTE
→ S. 108

LA BISBAL D'EMPORDÀ

Keramik | Zirkus auf der Straße: Juli

Baix Empordà ist ein wunderschönes Mosaik voller kleiner mittelalterlicher Dörfer, manche davon direkt neben La Bisbal. In La Bisbal selbst gibt es einen schönen Stadtplatz (Plaça Major), die interessante Gasse Carrer del Call, einen Burgpalast (11. Jh.), die barocke Kirche Santa Maria und viele Häuser mit Säulengängen.

PERATALLADA

Kräutermarkt: April | Mittelaltermarkt: Oktober

Peratallada ist ein ehemaliger befestigter Ort mit unregelmäßigen Gassen, die auf dem Plaça Major münden und auf der anderen Seite von den Stadtmauern geschlossen werden. Der wundervolle Turm Torre del Homenatge wird als einer der wichtigsten Wachtürme Kataloniens betrachtet.

In Monells in der Nähe von La Bisbal empfiehlt sich der Besuch des Platzes mit Säulengang

VILABERTRAN

Schubert Festival | Gartengemüses Fest: September

In Vilabertran in der Nähe von Figueres erhebt sich der monumentale Komplex Santa Maria de Vilabertran mit einer interessanten Kirche aus dem 11. Jh. mit drei Kirchenschiffen, einem Glockenturm im lombardischen Stil (12. Jh.) und einem Kreuzgang (12. - 13. Jh.).

PERALADA

Kasino | Weine und *Bodegas* | Musikfestival: Juli

Legen Sie einen Halt in der Stadt Peralada ein, der Hauptstadt der einstigen Grafschaft Peralada. Man kann die Burg besuchen, die sich die Vicomtes Rocabertí errichten ließen, das Kloster Sant Domènec und das Kloster del Carme.

Besalú

BANYOLES

Park La Draga | Sant Martirià Festival: November

Das Kloster Sant Esteve, in dessen Schatten Banyoles entstand, hat ein Portal im spätgotischen Stil, wenn auch der Kreuzgang und die heutige Kirche aus einer späteren Epoche stammen (18. Jh.). Neben diesem Ort liegt der größte, natürliche See Kataloniens, er hat eine Fläche von 107 Hektar.

BESALÚ

Miniaturenmuseum | Mittelaltermarkt: September

Besalú war einst die Hauptstadt einer unabhängigen Grafschaft, und wurde 1966 aufgrund seines architektonischen Reichtums zu einem historisch-künstlerischen Gebäudekomplex von nationalem Interesse erklärt Die beeindruckende alte Brücke mit ihrer eckigen Form ist eines der bekanntesten Bauwerke.

CASTELLFOLLIT DE LA ROCA

Festival Castellfollit: September

Das Dorf Castellfollit de la Roca ist ein großer, natürlicher Aussichtspunkt. Es erhebt sich auf einem 50 Meter hohen und 1 km langen Basaltfelsen. Am Ende dieses Felsens hat man einen wundervollen Blick auf ein Mosaik aus Gärten im Tal der Flüsse Fluvià und Toronell.

OLOT

Heiligenmuseum | Vulkaner | Festival des Tura: September

Die modernistische Architektur im Stadtzentrum und die Alleen sind die beiden typischen Elemente der Stadtlandschaft von Olot. Eine Landschaft voller Herrenhäuser wie das Museumshaus Can Trincheria, und beeindruckender Beispiele der zivilen und religiösen Architektur.

SANTA PAU

Fest der Bohne: Januar

Die historische Altstadt von Santa Pau in La Garrotxa ist eine der wichtigsten Gironas. Sie umgibt eine alte Burg aus dem 13. Jh. und den Stadtplatz mit Säulengang, der von der Pfarrkirche (15. – 16. Jh.) beherrscht wird. Die Häuser am Platz lehnen sich an die alte Stadtmauer an.

ELS HOSTALETS D'EN BAS

Sensenwettbewerb: Juni

Els Hostalets ist eine der sieben Gemeinden der Gemeinde La Vall d'en Bas. Der Ort entstand im 18. Jh. in der Umgebung kleiner Herbergen. In der Straße Teixeda besitzen die Häuser lange, mit Topfpflanzen und Blumen geschmückte Holzbalkone. In der Nähe von Hostalets liegen die Felsen von Falgars und die Kapelle Sant Miquel.

CAMPRODON

Museum Isaac Albéniz | Tal von Camprodon

Das Symbol von Camprodon ist die neue romanische Brücke (12. Jh.), die stolz den Fluss Ter überquert. In der Stadt gibt es jedoch noch weitere majestätische Orte wie den Passeig Maristany und den Platz Espanya. Es lohnt sich, sich die Kirche Santa Maria, das Kloster Sant Pere, und das Museum Isaac Albéniz.

RIPOLL

Katalanische Messe des Schafs: Oktober

Das Zentrum von Ripoll befindet sich an dem Platz Abat Oliba, wo sich das Kloster Santa Maria und die Kirche Sant Pere erheben. Bei einem Besuch des Ortes sollten Sie sich jedoch auch den Rathausplatz und die Brücken über die Flüsse Ter und Freser ansehen.

Puigcerdà

Ripoll

PUIGCERDÀ

Markt für spanisch-bretonische Pferde: November

Puigcerdà ist die historische Hauptstadt der Cerdanya und von Skistationen umgeben. Die Wahrzeichen der Stadt sind die Kirche Sant Tomàs (958), der Glockenturm aus dem 12. Jh. und der künstlich angelegte See, der 1992 umgestaltet wurde.

LLÍVIA

Stadtmuseum | Musikfestival: August

Die gepflasterten Gassen von Llívia, nur wenige Kilometer von Puigcerdà entfernt, sind voller wunderschöner Häuser aus Stein mit Schieferdächern und Balkonen und Toren aus Holz. Die Kirche Nostra Senyora dels Àngels befindet sich im Zentrum des Ortes, ebenso wie die Apotheke Esteva aus dem 15. Jh., die älteste Apotheke Europas.

R3

NATURPARKS

In der umgebung von Girona gibt es zahlreiche Naturparks und Naturlandschaften: **Cap de Creus**, **Aiguamolls de L'Empordà**, **El Montgrí, les Illes Medes i el Baix Ter**, und **Serra de L'Albera**. Weiter im Landesinneren befinden sich das Vulkangebiet **Zona Volcànica de La Garrotxa**, **Cadí-Moixeró** und **Montseny**. Neben diesen Landschften gibt es noch viele andere, die geschützt sind, um die Biodiversität und das landschaftliche und geologische Erbe zu erhalten. Ein lebendiges, wunderschönes Mosaik, ein Genuss für alle fünf Sinne, den man auf den Wanderwegen, Routen und *Camins de Ronda* entdecken kann.

SIEHE KARTE
→ S. 108

i

www.gencat.cat/parcs

Erdbeerbaum (*Arbustus unedo*)

Eisvogel (*Alcedo atthis*)

Zackenbarsch (*Epinephelus marginatus*)

Gemeine Akelei (*Aquilegia vulgaris*)

CAP DE CREUS

Dieser Naturpark liegt dort, wo die Pyrenäen auf das Meer treffen, im östlichsten Teil der Iberischen Halbinsel. Dieser Park voller Steilküsten, die von der Erosion durch Wind und Wasser geformt wurden, besitzt eine raue und schroffe Landschaft mit kleinen Buchten und Fischerhütten. Die erst vor kurzem hergerichtete Strecke durch den **Pla de Tudela-Culip** führt an interessanten geologischen Formationen vorbei.

Naturpark Cap de Creus
Palau de l'Abat
Kloster Sant Pere de Rodes
El Port de la Selva
Tel. +34 972 19 31 91
Espai Cap de Creus
Leuchtturm Cap de Creus
Cadaqués

Pla de Tudela

AIGUAMOLLS DE L'EMPORDÀ

Naturpark
Els Aiguamolls
de l'Empordà
El Cortalet
Castelló d'Empúries
Ctra. **GIV-6216**
Castelló - Sant Pere
Tel. +34 972 45 42 22

Mit *aiguamolls* bezeichnet man Feuchtgebiete, in denen das Festland im Kontakt mit dem Wasser von Flüssen, Küsten und dem Untergrund von Landflächen, von denen sich das Meer zurückgezogen hat, ist. Els Aiguamolls de L'Empordà reicht von **Roses**, vom Norden der **Bucht von Roses**, bis nach **L'Escala** im Süden. Das Mittelmeer, die Flussläufe des **Muga** und des **Fluvià** und die Einwirkung des Menschen haben diese einzigartige Landschaft voller Dünen, Teiche und geschlossener Weideflächen auf einer Fläche geformt, wo sich einst Lagunen befanden. Heute ist diese Landschaft ein Zufluchtsort der Zugvögel. Im Park kann man ungefähr 90 Vogelarten beobachten, von denen viele unter Naturschutz stehen.

Mas Matà

EL MONTGRÍ, LES ILLES MEDES I EL BAIX TER

Der Meeresgrund der **Medes-Inseln** ist ein reiches Universum der Unterwasserflora und Fauna. Ganz in der Nähe befindet sich der **Berg El Montgrí** und das **Gebiet von El Baix Ter**, mit kleinen Teichen, Feuchtgebieten und Lagunen, eine unverwechselbare Landschaft. Die sieben kleinen Inseln der Medes bilden eine kleine, 21,5 ha große Inselgruppe. In diesem Meer, das manchmal bis zu 50 m tief ist, leben Algen, Gorgonien, Seegraswiesen, Schwämme und Korallen zusammen.

Naturpark El Montgrí, les Illes Medes i el Baix Ter
Pg. del Port, s/n
Espigó de Llevant
L'Estartit
Tel. +34 972 15 17 01

El Montgrí

ZONA VOLCÀNICA DE LA GARROTXA

Eine solche Landschaft wie die der **La Garrotxa** mit ungefähr 40 Vulkankegeln und über 20 Lavaflüssen aus Basaltlava gibt es nur einmal auf der Iberischen Halbinsel. Die Oberflächenform, der Boden und das Klima begünstigen eine vielfältige und üppige Vegetation mit wertvollen Steineichen-, Eichen- und Buchenwäldern. In den 26 einzelnen Schutzgebieten des Naturparks leben über 120 Schmetterlingsarten, die die Landschaft märchenhaft wirken lassen. Der Buchenwald (*Fagus sylvatica*) **Fageda d'en Jordà** bedeckt ein flaches Gelände auf 550 m Höhe auf dem Lavafluss des **Vulkan Croscat**. Man kann diesen Wald zu Fuß oder auf dem Pferd besuchen, und es werden Kutschfahrten angeboten. Die Pfade durch den Wald sind ausgeschildert.

Fageda d'en Jordà

Naturpark
Zona Volcànica de la Garrotxa
Casal dels Volcans
Av. Santa Coloma, 47
Olot
Tel. +34 972 26 60 12
Informationszentrum
Can Serra
La Fageda d'en Jordà
Ctra. **GI-524** (km 4)
Olot - Santa Pau
Tel. +34 972 19 50 74

L'ALBERA

Die Bergkette Serra de L'Albera ist der östlichste Teil der Pyrenäen und reicht von dem Pass Coll del Perthús bis zum Meer. Sie trennt die Ebenen von **Roussillon** und **Alt Empordà**. Der 25 km lange Bergkamm stellt die Grenze zwischen Katalonien und Frankreich dar. Der höchste Berg, der **Puig Neulós** (1.257 m), dominiert diese typische Mittelmeerlandschaft. Die Fauna der Berge kann eine einheimische Rinderrasse aufweisen, die als *Fagina* oder **Rind aus L'Albera** bezeichnet wird. Diese Rinder leben in Freiheit und fressen Bucheckern (*faig*), denen sie ihren Namen verdanken. Eine andere typische Tierart der Zone ist die **Schildkröte von L'Albera** (*Testudo hermanni*).

SchildKröte von L'Albera

Naturpark von L'Albera
c/ Amadeu Sudrià, 3
Espolla
Tel. +34 972 54 50 79

Reproduktionszentrum für Schildkröten
Wallfahrtkirche
Mare de Déu del Camp
Garriguella
Tel. +34 972 55 22 45
www.tortugues.cat

EL MONTSENY

Der Montseny, zum Biosphärenreservat erklärt, befindet sich im Südwesten der Costa Brava, und umgibt das **Tal Tordera** mit den **Bergen Turó de l'Home** (1.706 m), **Les Agudes** (1.703 m) und **Matagalls** (1.697 m). Die wundervolle, abwechslungsreiche Landschaft und die wechselnden Farben des Waldes locken viele Wanderer an. Die drei typischen Landschaften der großen Regionen Europas, die mediterrane, die eurosibirische und die boreo-alpine Landschaft, mit ihren jeweiligen Tier- und Pflanzenarten sind auf dem Montseny zu finden. Diese Artenvielfalt ist der Kombination von wechselnder Feuchtigkeit und Temperatur mit der Höhenlage zu verdanken.

Brunnen Santa Teresa, El Montseny

Naturpark Montseny
Masia Mariona
Ctra. **BV-5119** (km 2,5)
Fogars de Montclús
Tel. +34 938 47 51 02

CADÍ-MOIXERÓ

Die Bergketten des Cadí und Moixeró bilden eine große Begrenzung aus Bergen an dem Ort, an dem die Vorpyrenäen und die Pyrenäen zusammentreffen. Die Zone von **Pedraforca** und die Nordseite von Cadí sind beliebte Klettergebiete.
Die wunderschönen Flüsse, Wälder, Wiesen, Täler und Hügel des Naturparks zeichnen sich durch eine große Biodiversität aus. Der Berg **Roca de l'Ordiguer** vor dem breiten Grünland von Cadí und der **Vulturó** (2.648 m) sind die bekanntesten Gipfel der Nordseite der Bergkette Serra del Cadí. Zu den stolzesten Tälern des Gebirgszugs Serra de Moixeró gehören **Torrent de l'Ingla**, **Estret de Canals** und der **Tannenwald von Riu**.

Bergketten des Cadí

i **Naturpark Cadí-Moixeró**
c/ de la Vinya, 1
Bagà
Tel. +34 938 24 41 51

R4

DAS DALÍ-DREIECK

Die Costa Brava und die Landschaften des Empordà waren ausschlaggebend für die Symbolik Salvador Dalís (Figueres, 1904-1989). Denn obwohl er ein kosmopolitischer Künstler war und sich lange in Frankreich und den Vereinigten Staaten aufhielt, so befand sich doch das Zentrum seiner Inszenierungen in der Region zwischen **Figueres**, **Cadaqués** und **Púbol**.

i

www.salvador-dali.org

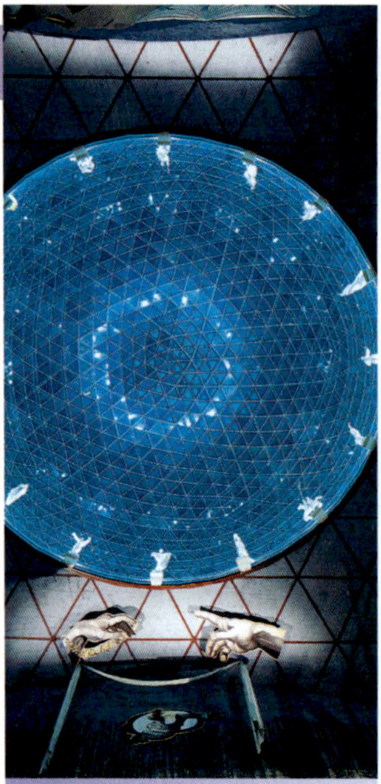

Theater-Museum Dalí
Figueres

Haus Salvador Dalí
Portlligat

Burg Gala Dalí
Púbol

Mae West Saal ▾

THEATER-MUSEUM DALÍ, FIGUERES

Das Theater-Museum ist von einer geodätischen Kuppel gekrönt und wurde von seinem Erschaffer als ein geheimnisvolles Labyrinth angelegt, eine Art gefundenes Objekt, durch das jeder gehen kann. Im Inneren findet man in einem komplexen und harmonischen Chaos Gemälde aus allen Schaffensperioden Dalís, surrealistische Hinterlassenschaften und künstlerische Fetische.

Theater-Museum Dalí
Plaça Gala-Dalí, 5
Figueres
Tel. +34 972 67 75 00

ÖFFNUNGSZEITEN
Das ganze Jahr über geöffnet. Montags geschlossen.

Zwischen dem 31. Juli und dem 31. August werden nächtliche Besuche von 22 bis 1 Uhr angeboten.

Schlafzimmer, Windpalast

Innenhof

HAUS SALVADOR DALÍ, PORTLLIGAT

Das Museumshaus in Portlligat war zwischen 1930 und 1982 der Wohnsitz und das Atelier des Künstlers. Das Haus hat eine labyrinthische Struktur mit verbundenen Räumen, engen Fluren und Sackgassen. Die Räume sind voller Objekte und Erinnerungsstücke des Malers und seiner Frau Gala. Man kann sowohl die privaten Räume des Paares als auch die Höfe und Räume ihres öffentlichen Lebens besichtigen.

Haus Salvador Dalí
Portlligat
Cadaqués
Tel. +34 972 25 10 15

Reservierung des Datums und der Uhrzeit des Besuchs erforderlich. Bitte informieren Sie sich über die Uhrzeiten und Datum für die Schließzeiten.

Montags geschlossen.

Empfangzimmer des Bären

Swimmingpool

BURG GALA DALÍ, PÚBOL

Dalí schenkte Gala 1969 eine Burg in Púbol. Diese Burg, die zum privaten Zufluchtsort von Dalís Muse werden sollte, befand sich in einem sehr schlechten Zustand. Unter Dalís Aufsicht wurden die Wände und Decken wieder aufgebaut, überraschende Räume geschaffen und das Innere mit architektonischen Nachahmungen, überladen und mit einer romantischen Symbolik dekoriert. Dalí richtete sich zwischen 1982 und 1984 im Mausoleum seiner Gattin in der Burg sein letztes Atelier ein.

Burg Gala Dalí
Plaça Gala-Dalí, s/n
Púbol-La Pera
Tel. +34 972 48 86 55

Bitte informieren Sie sich über die Uhrzeiten und Datum für die Schließzeiten.

Montags geschlossen.

Elefant-Wasserspeier

Klavierzimmer

PRAKTISCHER FÜHRER

Man lernt eine Stadt kennen, indem man sich in ihr bewegt. In diesem praktischen Führer finden Sie Informationen über Feste und Traditionen, und auch über das gesamte kulturelle Angebot von Girona. Ebenso Einkaufstipps, Restaurant- und Hotelempfehlungen und ein Dienstleistungsverzeichnis mit allen notwendigen Informationen für den Aufenthalt in der Stadt.

GASTRONOMIE

Die Gastronomie der Region von Girona ist das Ergebnis einer dreifachen Kombination. Aus dem Meer gelangen Fische und Meeresfrüchte auf den Tisch, aus den Ebenen die Produkte aus der Landwirtschaft und den Gemüse- und Obstgärten, und schließlich aus den Bergen Fleisch, Käse und Waldprodukte. Aus dieser Mischung entstand eine Gastronomie, die als Küche des Meeres und der Berge bezeichnet wird. Gerichte, die aus hochwertigen, einheimischen Produkten zubereitet werden, Reis aus Pals, Garnelen aus Palamós, Fisch von der Costa Brava und Gemüse. Im Laufe der Zeit haben sich einige dieser Elemente durch die traditionelle Zubereitung in typische Gerichte verwandelt. Aber neben der Tradition findet man auch die Innovation.

Die zeitgenössische Haute Cuisine in dieser Region ist voller köstlicher und avantgardistischer Vorschläge. Sie wird von Feinschmeckern und Experten der ganzen Welt gelobt.

TYPISCHE PRODUKTE

In der traditionellen Küche der Girona gibt es typische Gerichte wie die *Escalivades* (kalte Salate aus Schmorgemüse, Salate, mit Fleisch gefüllte Äpfel, *Fricandó* (Kalbfleisch in Sauce), verschiedene Tellergerichte, Braten, Tintenfisch mit Erbsen, *Suquets* (Fischtöpfe), Reisgerichte, Hähnchen mit Kaisergranat und Gemüsecremes.

Die meisten dieser Speisen werden mit einheimischen Zutaten zubereitet und entwickelten sich mit der Zeit zu den typischen Elementen einer köstlichen und im gesamten Gebiet verbreiteten Küche. Zu dieser kulinarischen Identität der Girona gehören noch viele weitere, handgearbeitete Köstlichkeiten. Man muss die süße *Botifarra* (Wurst) erwähnen, ebenso die *Sofregits* (eingedickte Saucen), die Saucen aus gehacktem Knoblauch mit Petersilie, das *Allioli* (Knoblauchmayonnaise), den Quark im Tuch und den Frischkäse.

DER MARKT DEL LLEÓ

Auf dem Markt del Lleó finden Sie alle Arten von frischen Produkten: Fleisch, Geflügel, Fisch, Meeresfisch, Früchte und Gemüse. Das Gebäude ist von Ständen mit Landprodukten und aller Art anderer Waren umgeben. Der Markt ist täglich außer sonntags geöffnet, und bei dem Besuch des Marktes kann man entdecken, was in den Küchen der Region Girona gekocht wird.

Das Viertel Mercadal entstand im Mittelalter, als der Markt noch in der Vorstadt au erhalb der Stadtmauern abgehalten wurde. Heute gehört das Viertel zur Stadt. Bereits im 18. Jh. wurde der Markt auf den Platz Les Cols, heute die Rambla de la Llibertat, verlegt, bis auch dieser Platz zu klein wurde. 1944 zog der Markt dann auf den Platz Francesc Calvet um, der im Volksmund als Plaça del Lleó (Löwenplatz) bezeichnet wird.

XUIXOS

Der Star unter dem einheimischen Backwerk ist der mit Creme gefüllte und mit Zucker bestreute *Xuixo*, der angeblich von einem französischen Gebäck inspiriert wurde. Aber nur ein Blick auf die Schaufenster der Konditoreien Gironas reicht aus um zu sehen, dass auch der naschhafteste Besucher die angebotenen Mengen nicht bewältigen könnte.

Der Markt del Lleó

GERICHTE DER JAHRESZEITEN

In der Region von Girona finden große Volksessen für riesige Menschenmengen statt, und häufig werden thematische Menüs für bestimmte Produkte geboten. Der Tischgast wird immer begeistert sein.

Produkte aus dem Meer und den Bergen sind die Hauptzutaten zur *Olla de peix* (Fischtopf), ein Gericht, das von Februar bis April in den Restaurants von Palamós und Calonge-Sant Antoni serviert wird. Das Gericht besteht aus Fisch, Gemüse, zerkrümelten Brot, Kartoffeln oder Nudeln, und jeder Koch kominiert es nach seinem Geschmack.

In Vidreres wird an jedem Faschingsdienstag ein interessantes Gericht zubereitet. Die Leute aus dem Dorf bringen dazu jeweils die Zutaten mit, und es wird morgens zum Frühstück heiß auf dem Platz serviert.

In Palafrugell bieten verschiedene Restaurants von Ende November bis Mitte Dezember das Gericht *El Niu* an. Dieses Gericht, das fünf Stunden lang kochen muss, enthält Kartoffeln, hartgekochte Eier, Brühe, getrockneten Stockfisch, Tintenfisch, Wildvögel und Wurst.

HAUTE CUISINE

Seit 2009 verleiht der angesehene Michelin-Führer dem Restaurant **El Celler de Can Roca** (in der Nähe von Girona) seine beste Bewertung, nämlich drei Sterne. Auch die angesehene Zeitschrift *Restaurant Magazine* wählte das Restaurant 2013 und 2015 zum besten Restaurant der Welt.

Die Restaurants **Les Cols** in Olot und **Miramar** in Llançà sind die beiden Gaststätten in der Provinz Girona, die mit zwei Sternen ausgezeichnet wurden.

Neben diesen großen Tempeln der modernen Küche zeichnete der französische Führer auch eine Reihe von wichtigen Restaurants aufgrund ihrer Qualität und innovativen Küche mit einem Stern aus. Dazu gehören **Massana** in Girona, **Les Magnòlies** in Arbúcies, **Els Brancs** in Roses, **Els Tinars** in Llagostera, **Ca l'Enric** in La Vall de Bianya, **Ca l'Arpa** in Banyoles, **Bo.Tic** in Corçà, **Casamar** in Llafranc, **La Cuina de Can Simón** in Tossa de Mar, **La Fonda Xesc** in Puigcerdà, **Castell de Peralada** in Peralada, **Empòrium** in Castelló d'Empúries und **Terra**, in S'Agaró.

All diese Restaurants haben dazu beigetragen, ein breitgefächertes Angebot an Rezepten, Geschmäckern, Texturen und Geschmacksempfindungen zu schaffen. Ihre Leidenschaft für die Küche hat zu einer erstklassigen, kreativen Erfahrung beim Speisen geführt.

EL CELLER DE CAN ROCA

Dieses Restaurant der Geschwister Roca, das mit drei Michelinsternen ausgezeichnet wurde, besitzt den ausgezeichneten Ruf eines Familienunternehmens, das sich im Laufe der Zeit weiterentwickelte, von der Küche der Gro mutter bis zu einer Küche mit internationalem Ruhm.

c/ de Can Sunyer, 48
Talaià-Girona
Tel. +34 972 22 21 57
www.cellercanroca.com

***Foie gras Nougat,* El Celler de Can Roca**

Castellers

El Tarlà

FIRES DE SANT NARCÍS

Oktober und November

Das Stadtfest von Girona. In der Devesa und auf dem Messegelände wird ein Jahrmarkt aufgebaut. Die Straßen füllen sich mit Ständen und Straßenverkäufern, die geröstete Kastanien anbieten. Siehe Seite 106.

GIRONA, TEMPS DE FLORS

Vom zweiten Samstag bis zum dritten Sonntag im Mai

Ein Besucherstrom von überall her überschwemmt die Altstadt, um die Zeit der Blumen, *Temps de flors*, zu genießen. Während dieser Tage kann man Innenhöfe und Grundstücke besuchen, die normalerweise dem Publikumsverkehr verschlossen bleiben. Siehe Seite 103.

PROZESSIONEN

Karfreitag

Wie viele andere Städte Spaniens feiert auch Girona diese Woche mit viel Leidenschaft. Die Umzüge der Manaies, der Umzug des heiliges Begräbnis und die Weihung der Palme gehören zu den beliebtesten Veranstaltungen. Siehe Seite 107.

KUNSTMESSE

1. November

Während der *Fira d'Art* beherrschen die Maler die Plaça del Vi und dessen Umgebung, um ihre Werke direkt zu verkaufen.

EL TARLÀ

Frühjahrsfest auf der Rambla und zu anderen Gelegenheiten

Als vor Jahrhunderten die Straße wochenlang gesperrt wurde, um zu vermeiden, dass die Pest sich in der ganzen Stadt ausbreitet, unterhielt ein Mann die gelangweilten Kinder, indem er Kapriolen auf einer Stange machte. Eine auffällige Lumpenpuppe, der Tarlà, tanzt nun in Erinnerung an dieses Ereignis.

SANT JORDI

23. April

Die Rambla füllt sich wie alle anderen Plätze in Katalonien mit Ständen, an denen Bücher und Rosen verkauft werden. Traditionell werden diese an die Menschen, die man liebt, verschenkt. Die katalanische Tradition der Blume entstammt den mittelalterlichen Rittertournieren und die Tradition des Buches wurde von den Buchhändlern anlässlich des Todestags von Cervantes begonnen.

REVETLLA DE SANT JOAN

23. Juni

Während der kürzesten Nacht des Jahres werden die Feuer entzündet, in denen der alte Plunder verbrannt wird, wie es in den katalanischsprachigen Dörfern und Städten immer schon Tradition war. Danach finden fröhliche Tanzfeste mit Böllern, Cava und *Coques*, dem typischen Backwerk der Region, statt.

WEIHNACHTEN

25. Dezember

Die Tradition des fer *cagar el tió*, die darin besteht, ein Stück Holz, das verbrannt werden soll, den *tió*, dazu zu bringen, seine Notdurft zu verrichten, findet man überall. Dies findet in der Nacht vor Weihnachten statt. Tagelang haben die Kinder diesen Baumstumpf dann schon ernährt. Nach dem Gebet schlagen sie kraftvoll auf ihn ein und singen ihm ein Lied, in dem sie ihn darum bitten, ihnen die Geschenke zu geben, auf die sie warten. In den Krippen, in denen die Geburt Jesus dargestellt wird, wird auch die Figur des *caganer*, des Schissers, aufgestellt, was diese etwas antiklerikal wirken läßt.

DREIKÖNIGS-UMZUG

5. Januar

Bevor der prächtige Dreikönigs-Umzug durch die Straßen Gironas zieht, kampieren die Heiligen Drei Könige an den Stadtmauern der Stadt, wohin die Kinder ihnen ihre letzten Briefe mit Wunschzetteln bringen.

Auditorium in La Devesa

Internazionales Zirkusfestival Elefant d'Or

GIRONA STADT DER FESTIVALS

(Siehe seite 104)

FESTIVAL PEPE SALES
Januar | Februar
Unabhängige Kunst.
www.festivalpepesales.org

IBERCAMERA
Januar | Juni
Klassische Musik.
www.ibercameragirona.cat

ELEFANT D'OR
Februar
Internationales Zirkusfestival.
www.festivaldelcirc.com

BLACK MUSIC FESTIVAL
März
Blues, jazz, soul, funk, reggae...
www.blackmusicfestival.com

MOT
März
Literaturfestival.
www.festivalmot.cat

FESTIVAL STRENES
März | April
Katalanisches musikalisches Panorama.
www.festivalstrenes.cat

A CAPPELLA FESTIVAL
Mai
A cappella Music Festival.
www.gironacappella.cat

FESTIVAL LUDIVERS
Mai
Die Welt des Spiels und das Spielzeug.
www.ludivers.cat

FESTIVALOT
Juni
Musikfestival im Kreis der Familie.
www.festivalot.cat

FESTIVAL IN-SOMNI
Juni
Indie Music Festival.
www.in-somni.info

INUND'ART
Juni
Zeitgenössische Kunst.
www.inundart.org

NITS DE CLÀSSICA (KLASSISCHE NÄCHTE)
Juni | Juli
Klassische Musik.
www.auditorigirona.org

UNDÀRIUS
Juni | Juli
Festival der Volkskultur.
www.escampillem.cat/undarius

JAZZFESTIVAL VON GIRONA
Juli
www.festivaldejazzdegirona.com

TEMPO SOTA LES ESTRELLES
Juli | August
Jazz und soul.
www.temposotalesestrelles.com

GITARRENFESTIVAL
Juli | September
www.festivalguitarragirona.es

FITAG
August | September
Amateurtheaterfestival.
www.fitag.cat

MILESTONE PROJECT
September
Straßenkunst.
www.milestoneproject.cat

FILMFESTIVAL VON GIRONA
September
www.gironafilmfestival.com

ACOCOLLONA'T
Oktober | November
Festival des phantastischen Films und der Horrorfilme.
www.acocollonat.wix.com/acocollonat

TEMPORADA ALTA
Oktober | Dezember
Festival der Bühnenkünste.
www.temporada-alta.cat

MÄRKTE UND MESSEN

www.firagirona.com

FIRATAST

Januar

Gastronomiemesse.
www.firatast.com

GIROCÒMIC

Oktober

Saló del còmic (Comic-Messe) Girona.
www.firadelcomic.cat

FIRA DE MOSTRES

Oktober

Mehrbranchenmesse.
www.firagirona.com

FORUM GASTRONÒMIC

November

Gastronomiekongress.
www.forumgirona.com

KINOS

ALBÉNIZ CENTRE

10 Säle. Nachtvorstellungen.
c/ Jeroni Real de Fontclara, 2-4
(Nähe Plaça Independència)
Tel. +34 972 41 01 10
www.cinemesalbeniz.cat

ALBÉNIZ PLAÇA

3 Säle.
Plaça Jordi de Sant Jordi, 1
Tel. +34 972 41 06 60
www.cinemesalbeniz.cat

ÒSCAR · OCINE

11 Säle. Nachtvorstellungen.
(Freizeitanlage Sant Ponç)
Tel. +34 972 20 71 52
www.ocine.es

TRUFFAUT

Originalfassungen. Filmothek.
Nachtvorstellungen und Kinderkino am Wochenende.
c/ del Portal Nou, 7 (Barri Vell)
Tel. +34 972 22 50 44
www.cinematruffaut.com

THEATER

TEATRE MUNICIPAL

Plaça del Vi, 1
Tel. +34 972 41 90 18
www.ajuntament.gi/teatre

EL GALLINER

Zentrum für Theaterausbildung.
Casa de Cultura
Tel. +34 972 20 58 84
www.elgalliner.cat

SALA LA PLANETA

Passeig de Canalejas, 3
Tel. +34 972 20 77 54
www.laplaneta.net

TEATRE DE SALT (Salt)

Plaça de Sant Jaume
Tel. +34 972 40 20 04
www.teatredesalt.net

KULTURZENTREN

AUDITORI NARCÍS DE CARRERES

Fundació "la Caixa"
c/ de Santa Clara, 11
Tel. +34 972 41 31 06

BÒLIT CENTRE D'ART CONTEMPORANI

c/ del Pou Rodó, 7-9
Tel. +34 972 42 76 27
www.bolit.cat

BÒLIT LA RAMBLA

Rambla de la Llibertat, 1
www.bolit.cat

BÒLIT SANT NICOLAU

Plaça de Santa Llúcia, 1
Tel. +34 972 48 63 86
www.bolit.cat

CAIXAFORUM GIRONA

La Fontana d'Or
c/ dels Ciutadans, 19
Tel. +34 972 20 98 36
www.obrasocial.lacaixa.cat
Siehe Seite 79.

CASA DE CULTURA

Plaça de l'Hospital, 6
Tel. +34 972 20 20 13
www.casadecultura.org
Siehe Seite 81.

COL·LEGI D'ARQUITECTES

Plaça de la Catedral, 8
Tel. +34 972 41 27 27
www.arquitectes.cat

ESPAI SANTA CATERINA

Passatge Aristides Maillol, sn
Tel. +34 872 97 50 00
Siehe Seite. 80.

LA MERCÈ

Pujada de la Mercè, 12
Tel. +34 972 22 33 05
www.ajuntament.gi/ccm
Siehe Seite 81.

L'ESTACIÓ JUGEND- UND KULTURZENTRUM

c/ de Santa Eugènia, 17
Tel. +34 972 22 00 70
www.girona.cat/estacio

SALA GIRONA DE "LA CAIXA"

c/ de la Sèquia, 5
Tel. +34 972 21 54 08

AUSSTELLUNGSSÄLE

DUAL GALLERY

Gran Via de Jaume I, 67
Tel. +34 972 29 64 43
www.dualgallery.com

EL CLAUSTRE

c/ Nou, 8-9-10
Tel. +34 972 20 31 26
www.elclaustre.com

ESPAI MIQUEL MARTÍ I POL

Av. de Jaume I, 42
Tel. +34 972 22 65 27
www.fundaciovalvi.cat

FUNDACIÓ FITA

Casa de Cultura
Plaça de l'Hospital, 6
Tel. 972 21 64 65
www.fundaciofita.com

GALERIA RIERA

c/ Galligants, 6
Tel. +34 972 21 19 60
www.galeriariera.cat

SALA D'ART LA PUNXA

c/ de Santa Eugènia, 19
Tel. +34 972 21 18 54

Ramon Boix

Torrons Candela

Die Kunsthandwerksläden, die liebevoll verarbeitete Produkte im Hinterzimmer verkaufen, sind im Aussterben begriffen. Die meisten Kunsthandwerker der Stadt mussten ihre Läden schließen, da sie den neuen Regeln der Produktion der modernen Zeit nicht gerecht werden konnten. Dennoch gibt es noch immer kleine Kunsthandwerker und Repräsentanten alter Handwerke, die ihre archaischen Aktivitäten als Zeitvertreib betreiben, und einmal die Woche ihre Produkte auf den Kunsthandwerksmärkten anbieten.

KUNSTHANDWERKSMARKT AN DER PONT DE PEDRA

Die Vereinigung der Kunsthandwerker Gironas organisiert jeden Samstag an der Pont de Pedra einen regelmäßig stattfindenden Kunsthandwerksmarkt, auf dem die besten Künstler der Stadt und der Umgebung ihre Produkte im Rotationsprinzip ausstellen und verkaufen. Das System, mit dem die mit Leinstoff überspannten Stände, die auf den Pflastersteinen der Brücke aufgestellt werden, verteilt werden, führt zu einem bunten und abwechslungsreichen Schauspiel an kuriosen Objekten und anziehenden Handarbeiten.

FERROS D'ART CADENAS

Dieser Laden, der geschmiedete Lampen und andere Metallutensilien verkauft, ist eines der wenigen Beispiele für das alte Kunsthandwerkssystem, in dem die Herstellung und der Verkauf miteinander vereinbar waren.
c/Nou, 5 | Tel. +34 972 20 26 72
www.ferrosdart.cat

RAMON BOIX

Utensilien aus Kupfer und Messing. Hier wurden die Rüstungen der *Manaies*, die am Osterumzug teilnehmen, hergestellt. c/ de les Ballesteries, 17
Tel. +34 972 20 67 97
www.ramonboix.com

SÜSSES HANDWERK

Oh Mama
Auch die Mode der *Cupcakes* und *Cakepops* hat in Girona ihren Einzug gehalten, begleitet von aller Art Gebäck, Kunden und Delikatessen.
c/ Joan Maragall, 39 |
Tel. +34 972 48 56 28
www.ohmamapastisseria.com

Konditorei Reverter
Sie müssen auf jeden Fall die köstliche *Coca de Ermessenda* und die „süßen Pommes frites" aus schwarzer und weißer Schokolade kosten.
c/ Sant Antoni Claret, 19
Tel. +34 972 21 60 01
f Pastisseria Reverter

Konditorei Tornés
Eine der berühmtesten Konditoreien des Viertels Eixample.
c/ Migdia, 51
Tel. +34 972 20 74 33
www.tornes.cat

Rocambolesc
Die drei Michelin-Sterne des **El Celler de Can Roca** nun für jeden erschwinglich. Im Rocambolesc, dessen Einrichtung im ästhetischen Vintage-Stil an die Welt von Willy Wonka erinnert, werden Eis, Bonbons, Sorbets und Kaffeestückchen angeboten, alles hundert Prozent natürlich.
c/de Santa Clara, 50
Tel. +34 972 41 66 67
www.rocambolesc.com

Torrons Candela „La Xixonenca"
Nur hier werden die berühmten und beliebten *Torrons Victoriano Candela*, eine typische, spanische Weihnachtsspezialität, angeboten, und außerdem schmeckt hier die *Orxata*, ein Erfrischungsgetränk aus Erdmandeln und Mandeln, nicht nach Wasser.
c/A. Clavé, 3 | Tel. +34 972 21 11 03
c/Argenteria, 8 | Tel. +34 972 22 09 38
f Torrons i gelats Candela

Xocolateria bomboneria Gluki
Die Pralinen ohne Konservierungsstoffe sind besonders köstlich. c/Santa Clara, 44 | Tel. +34 972 20 19 89
www.gluki.cat

Enjabonarte

La Carpa

AMSTERDAM
Underground clothes.
c/ Pare Claret, 21
Tel. +34 872 08 12 37
f Amsterdamgirona

COLMADO MORISCOT
Wurtswaren und Delicatessen. Mit einer unübertrefflichen Bodega.
c/ dels Clutadans, 4
Tel. +34 972 20 09 58

COMUNAL STORE
Kleidung und Accessoires.
c/ Mercaders, 6
Tel. +34 972 29 87 61
f Comunal Store

EL CALL MÀGIC
Souvenirs der Stadt.
c/ de la Força, 2
Tel. +34 972 20 59 93

ENJABONARTE
Seifen in allen Farben und Düften.
c/ de les Ballesteries, 12
Tel. +34 972 22 34 99
www.enjabonarte.es

LA CARPA
Spielzeuge und alle Arten von kleinen, originellen Geschenkartikeln.
c/ de les Ballesteries, 37
Tel. +34 972 21 20 02

LA MODA
Der Laden für den Verkauf von Fäden und Knäueln.
Plaça del Vi, 13
Tel. +34 972 20 20 95

LA RELLOTGERIA
Reparatur, Restaurierung und Verkauf alter Uhren.
c/ de les Ballesteries, 45
Tel. +34 972 21 69 19
www.larellotgeria.com

L'ARTESANAT
Souvenirs. Kunsthandwerk.
c/ de la Força, 21
Tel. +34 972 59 10 62

LLIBRERIA GELI
Das größte Bücherangebot der Stadt. 100 Jahre alt.
c/ de l'Argenteria, 18
Tel. +34 972 20 17 90

LLIBRERIA 22
Hier werden Lesungen veranstaltet.
c/ de les Hortes, 22
Tel. +34 972 21 23 95
www.llibreria22.net

MOBY DISK
Independant Labels.
Plaça del Vi, 4
Tel. +34 972 20 09 98
www.mobydiskrecords.es

MUSICAL EIXIMENIS
Instrumente und musikalisches Zubehör.
c/ de Francesc Eiximenis, 18
Tel. +34 972 20 63 86

NYIGUI-NYOGUI
Einer der ältesten Läden mit originellen Geschenkartikeln.
c/ dels Mercaders, 12
Tel. +34 972 21 22 26
f Nyigui-nyogu

PAPERS GIRONA
Handgemachte Geschenke aus Papier und Karton.
c/ Ballesteries, 31
Tel. +34 22 37 53
www.papersgirona.com

POLAKOS
Moderne Bekleidung und neue Trends. Exklusive Designerkleidung.
c/ de la Força, 4
Tel. +34 972 20 68 64
www.galeriapolakos.com

PORTAL DEL COL·LECCIONISTA
An- und Verkauf alter Bücher, Stiche und Postkarten.
c/ de la Força, 25
Tel. +34 972 21 55 69
www.portaldelcoleccionista.com

RECORDA-T'EN
Souvenirs der Stadt.
c/ dels Calderers, 12
Tel. +34 972 22 78 90
www.recordaten

SAMARKANDA
Möbel aus exotischem Holz.
Plaça de l'Oli, 2
Tel. +34 972 41 11 64
f Samarkanda Girona

TOCAT PEL VENT
Innendekoration und Beleuchtung, inspiriert vom Empordà.
c/ Nou del Teatre, 6
Tel. +34 41 40 65
www.tocatpelvent.com

ULYSSUS
Buchhandlung für den Globetrotter.
c/ Cort Reial, 3
Tel. +34 972 21 17 73
f Llibreria Ulyssus

ZEPPELIN
Ein Spielwarengeschäft mit einer großen Auswahl an Artikeln.
Plaça de Santa Susanna, 7
Tel. +34 972 20 82 65
www.zeppelindreams.com

El Boira

Die Stadt Girona war niemals die gastronomische Hauptstadt des Bezirks, aber in den letzten Jahren ist die Qualität sehr gestiegen. Der Einfluss der guten Küche nahegelegener Gebiete wie der des Empordà, und einiger Restaurants, die auf Innovation setzen, hat dazu geführt, dass Girona in die Route der anspruchsvollen Gastronomen aufgenommen wurde. Unter den einheimischen Produkten muss besonders die *Botifarra dolça* erwähnt werden, eine Wurst aus Hackfleisch und Zucker, mit der die appetitanregendsten Köstlichkeiten zubereitet werden.

EL CELLER DE CAN ROCA
Kreative Küche auf hohem Niveau. Für die anspruchsvollen Feinschmecker die beste Küche der Stadt. Das Restaurant besitzt drei Michelin-Sterne. Empfehlenswert ist das Degustationsmenü der Jahreszeit. 80-150 €.
c/ de Can Sunyer, 48
Talaià-Girona
Tel. +34 972 22 21 57
www.cellercanroca.com

MASSANA
Traditionelle Marktküche, exzellent zubereitet. Das Restaurant besitzt einen Michelin-Stern.
60-90 €.
c/ Bonastruc ça Porta, 10
Tel. +34 972 21 38 20
www.restaurantmassana.com

EL PATI VERD
Mittelmeerküche. Das Restaurant des angesehensten Hotels der Stadt bereitet Gerichte mit *Foie*, *Carpaccios* und Filets zu.
50-60 €.
Plaça Miquel Santaló, 10
Tel. +34 972 21 12 12
www.hotelcarlemanygirona.com

CAL ROS
Exzellente, katalanische Küche. 35-45 €.
c/ de la Cort Reial, 9
Tel. +34 972 21 91 76
f Cal Ros

NU
Kreative Küche.
35-45 €.
c/ Abeuradors, 4
Tel. +34 972 22 52 30
www.nurestaurant.cat

CAN MARQUÈS
Hausmannskost und Marktküche, anspruchsvoll.
35-40 €.
Plaça Calvet i Rubalcaba, 3
Tel. +34 972 20 10 01
www.canmarques.com

L'ALQUERIA
Reisgerichte und Marktküche.
35-40 €.
c/ de la Ginesta, 8
Tel. +34 972 22 18 82
www.restaurantalqueria.com

LA PENYORA
Marktküche und Kunst in der Altstadt. 30-35 €.
c/ Nou del Teatre, 3
Tel. +34 972 21 89 48
www.restaurantlapenyora.com

TXALAKA
Baskische Küche. Fleisch und Fisch. 30-35 €.
c/ Bonastruc ça Porta, 4
Tel. +34 972 22 59 75
f Txalaka Girona

DIVINUM
Kreative Küche.
25-35 €.
c/ Albereda, 7
Tel. +34 872 08 02 18
www.divinum.cat

DRAPS
Marktküche. 25-35 €.
c/ de la Cort Reial, 2
Tel. +34 872 08 04 30
www.restaurantdraps.com

BROTS DE VI
Gastronomie und Vinakothek.
25-35 €. c/ Cort reial, 1
Tel. +34 972 21 21 21
www.brotsdevi.cat

SUSHI BAR
Meeresküche und *Sushi* Bar.
25-35 €.
Plaça Independència, 12
Tel. +34 872 08 14 90
www.sushibargirona.com

MIMOLET
Marktküche.
25-35 €.
c/ del Pou rodó, 12
Tel. +34 972 29 79 73
www.mimolet.cat

VINOMI
Marktküche. 25-35 €.
Pg. Sant Joan Bosco, 59
Tel. +34 972 20 72 18
f Restaurant Vinomi

CASA MARIETA
Traditionelle Küche. 25-30 €.
Plaça Independència, 5
Tel. +34 972 20 10 16
www.casamarieta.com

OCCI
Marktküche. 25-30 €.
c/ Mercaders, 3
Tel. +34 972 22 71 54
www.restaurantocci.com

BOIRA
Katalanische Marktküche. Ein ausgezeichneter Blick auf die Häuser am Onyar. 25-30 €.
Plaça Independència, 17
Tel. +34 972 21 96 05
Boira

NOU POL NORD
Kreative Küche. Warmer Salat mit Krabben und Pilzen.
25-30 €. c/ de Pedret, 120
Tel. +34 972 20 09 27
Nou Pol Nord

LA TAGLIATELLA
Nudelgerichte, Pizzas, Crêpes.
25-30 €. c/ Ciutadans, 10
Tel. +34 972 20 32 45
www.latagliatella.es

ZANPANZAR
Baskische Küche und *Pinchos* (Spießchen). 25-30 €.
c/ de la Cort Reial, 10
Tel. +34 972 21 28 43
Zanpanzar Euskal Taberna

EL BALCÓ
Ausgewählte argentinische Küche. 25-30 €.
c/ de les Hortes, 16
Tel. +34 972 22 31 61
www.elbalcorestaurant.com

ARRÒS I PEIX
Reis und Fisch.
25-30 €.
c/ Ciutadans, 20
Tel. +34 972 42 63 00
www.arrosipeix.cat

LLEVATAPS
Marktküche. 25-30 €.
Plaça de l'Oli, 1
Tel. +34 972 09 91 12
www.llevataps.com

BIONBO GASTROBAR
Autorenküche im Zentrum von Girona. In der Woche preiswertes Mittagsmenü. Abends und am Wochenende Degustationsmenü. Die Reservierung wird empfohlen.
25-30 €
c/ del Carme, 75
Tel. +34 972 29 93 09
www.bionbo.com

ESCOLA D'HOSTALERIA
Die zukünftigen Gastwirte zeigen hier ihr Talent und bereiten auf Bestellung köstliche Menüs zu. An Werktagen mittags geöffnet. 25 €.
c/ de Josep Viader, 11
Tel. +34 972 22 01 22
www.ehtg.cat

EL MUSEU DEL VI
Essen im Kneipenstil.
Menüs. 20-25 €.
c/ de la Cort Reial, 4
Tel. +34 972 21 34 85
www.elmuseu.com

LA NOVA LLARGA
Kreative Marktküche.
20-25 €.
Av. de Sant Francesc, 11
Tel. +34 972 20 10 18
La Nova Llarga

L'AZTAN
Katalanische Marktküche, anspruchsvoll. 20-25 €.
Plaça Independència, 13
Tel. +34 972 22 72 80
www.laztan.weebly.com

L'ARGADÀ
Katalanische Küche und köstliche Wurstwaren.
20-25 €.
c/ de Ramon Folch, 7
Tel. +34 972 21 84 05

LA POMA
Kreative Küche. 20-25 €.
c/ Cort reial, 16
Tel. +34 972 21 29 09
www.restaurantlapoma.com

COCOLINO
Marktküche und pizzas.
20-25 €.
c/ de Pedret, 56
Tel. +34 972 22 40 47
Cocolino Girona

DOLCE VITA
Mittelmeerküche, Nudelgerichte, Pizzas, Crêpes.
20-25 €.
Plaça Independència, 11
Tel. +34 872 08 16 16
www.dolcevitapizzerias.com

THOT
Marktküche. 20-25 €.
c/ Emili Grahit, 55
Tel. +34 972 20 46 73
www.thotrestaurant.com

TOKIO
Japanische Küche und *Sushi.*
20-25 €. c/ Ferran Puig, 26
Tel. +34 972 21 67 00
www.restaurante-japones.com

CAN KEBAB
Schawarma, Falafel, Humus...
15-20 €.
Tel. +34 665 48 29 03
c/ Ciutadans, 7
Can Kebab

LA VEDETTE
Spezialitäten aus der Bretagne. 15-20 €.
c/ de la Barca, 17
Tel. +34 972 20 41 58
www.lavedetterestaurant.com

EL CUL DE LA LLEONA
Marktküche. 15-20 €.
c/ dels Calderers, 8
Tel. +34 972 20 31 58
El Cul de la Lleona

GRAN MURALLA
Chinesische Küche. Pekingente und Krabben mit Pilzen.
15-20 €.
c/ de Francesc Eiximenis, 15
Tel. +34 972 21 87 13
www.granmurallagirona.com

Terrassen in La Rambla

LA CRÊPERIE BRETONNE
Spezialitäten aus der Bretagne. Buchweizentorte und Crêpe nach Art der Normandie.
15-20 €.
c/ de la Cort Reial, 14
Tel. +34 972 21 81 20
www.creperiebretonne.com

CATALANO TAVERNA
Essen im Kneipenstil. Menüs.
15-20 €.
Plaça Independència, 11
Tel. +34 972 21 95 24
Catalano Taverna

AMARANTA
Vegetarische Küche.
15-20 €.
c/ Riu Güell, 31
Tel. +34 972 94 08 32
www.amarantavegetal.cat

B12
Vegetarische Küche.
15-20 €.
Plaça del Vi, 11
Tel. +34 972 01 32 02
Restaurant Bar B-12

TAJ INDIAN
indische Küche. 15-20 €.
c/ Cort Reial, 6
Tel. +34 972 22 26 55

Sunset Jazz Club

KAFFEE

L'ANTIGA
Frühstück und kleine Zwischenmahlzeiten. Das beste im Haus ist die Schokolade in der Tasse. Plaça del Vi, 8.
Tel. +34 972 21 66 81
Xocolateria L'Antiga

BAR NÚRIA
Diese Glasinsel zwischen den Autos ist für viele Nachtschwärmer die letzte Anlaufstelle.
Plaça del Poeta Marquina
Tel. +34 972 21 75 19

BOIRA
Große Terrasse, um im Sommer draußen zu essen und schöne Innenräume mit großen Fenstern, die sich zu den Häusern am Onyar öffnen.
Plaça de la Independència, 17
Tel. +34 972 21 96 05

L'ARC
Es gibt eine Kathedrale im Innenhof. Die Terrasse ist der ideale Ort, um die beeindruckenden Bauwerke der Stadt zu bewundern.
Plaça de la Catedral, 9
Cafè Larc

CAFÈ DEL TEATRE
Im Innenhof des Theaters.
Plaça del Vi, 1

CAMPUS BAR
Studentenkneipe. In der Nähe der Universität.
Plaça de Sant Domènec, 1
Tel. +34 972 22 44 76
Bar Campus

EL SOL
Mit einer Terrasse unter den Arkaden. Menüs, Tellergerichte und *Tapas*.
Plaça del Vi, 9
Tel. +34 972 22 08 92

JARDINS DE LA MERCÈ
Café-Restaurant, das tagsüber und nachts geöffnet ist. Kreative Küche. Ausstellungen, DJs und Konzerte.
Pujada de la Mercè, 10
Tel. +34 972 22 68 45
www.elsjardinsdelamerce.com

LA TERRA
Fenster zum Fluss. Gesprächsrunden auf Kissen. Ausgezeichnete Sandwiches.
c/ de les Ballesteries, 23
Tel. +34 972 21 92 54
La Terra Cafeteria

LE BISTROT
Klassisches Café im Retrostil. Im Sommer werden Tische in einem der schönsten Winkel der Altstadt aufgestellt. Ausgezeichnete Menüs und Pizzas nach Landmannsart.
Pujada de Sant Domènec
Tel. +34 972 21 88 03
www.lebistrot.cat

CAFÈ ROYAL
Große Auswahl an Bier und Fruchtsäften.
Plaça de la Independència, 1
Cafe Royal Girona

NACHTS AUF EINEN DRINK

LES CARPES DE LA DEVESA
Im Sommer verlagert sich das Nachtleben in die Kühle des Parks Devesa. Von Juni bis September.

LA MIRONA
In Salt, ein großer Konzertsaal mit einem ausgezeichneten Programm.
c/ Amnistia Internacional, s/n
Tel. +34 972 23 23 75
www.lamirona.cat

LOCAL & BAR PLATEA
c/ Jeroni Real de Fontclara, 4
Nou Platea Girona

SUNSET JAZZ CLUB
Livemusik (Jazz) und exzellente Cocktails.
c/ Pons i Martí, 12
www.sunsetjazz-club.com

MONDO GIRONA
c/ Figuerola, 12
Mondo Girona

BLOW
c/ Miquel Blay, 3
www.blowgirona.com

LOLA CAFÈ
c/ de la Força, 7
Lola Cafe

LA IMPREMTA
c/ Ramon Turró,18
La Impremta

SALA UNIVERS
Camp de les Lloses, 8
Sala Univers Girona

EUPHORIA
c/ del Camp de les Lloses, 8
Euphoria Latina Girona

CELTIC BAR
c/ Riu Guell, 1
Celtic Bar Girona

THE RIVER CAFÈ
c/ de la Barca, 2
www.rivercafegirona.com

CITY ARMS
c/ Güell, 1
City Arms Girona

NYKTERI'S COCTAIL BAR
c/ Santa Llúcia, 4
Nykteri's Cocktail Bar

CONTEXT
Plaça del Pou Rodó, 21
Context llibreria cafè

CU-CUT PUB
Plaça de la Independència, 10
Cu-Cut

HOTELS

PALAU BELLAVISTA****
70-120 €
Pujada Polvorins, 1
Tel. +34 872 08 06 70
www.ac-hotels.com

CARLEMANY****
85-120 €
Plaça de Miquel Santaló
Tel. +34 972 21 12 12
www.carlemany.es

HOTEL NORD 1901****
80-100 €
c/ del Nord, 7-9
Tel. +34 972 41 15 22
www.nord1901.com

CIUTAT DE GIRONA***
90-115 €
c/ del Nord, 2
Tel. +34 972 48 30 38
www.hotel-ciutatdegirona.com

GRAN ULTÒNIA***
80-100 €
Gran Via de Jaume I, 22
Tel. +34 972 20 38 50
www.hotelsultoniagirona.com

HISTÒRIC***
100 €
c/ del Bellmirall, 6
Tel. +34 972 22 35 83
www.hotelhistoric.com

LLEGENDES DE GIRONA***
120 €
Portal de la Barca, 4
Tel. +34 972 22 09 05
www. llegendeshotel.com

MELIÀ GIRONA***
90-110 €
c/ de Barcelona, 112
Tel. +34 972 40 05 00
www.melia.com

COSTABELLA***
70-100 €
Avinguda de França, 61
Tel. +34 972 20 25 24
www.hotelcostabella.com

EUROPA**
65 €
c/ de Juli Garreta, 21
Tel. +34 972 20 27 50
www.hoteleuropagirona.com

CONDAL*
70 €
c/ de Joan Maragall, 10
Tel. +34 972 20 44 62
www.hotelcondalgirona.com

IBIS*
70 €
c/ de Francesc Ferrer 16-18
Tel. +34 972 39 15 38
www.accorhotels.com

PENINSULAR*
85 €
c/ Nou, 3
Tel. +34 972 20 38 00
www.novarahotels.com

MARGARIT
60 €
c/ Ultònia, 1
Tel. +34 972 20 10 66
www.hotelmargarit.com

PENSIONEN

BELLMIRALL
75 €
c/ del Bellmirall, 3
Tel. +34 972 20 40 09
www.bellmirall.eu

BELLS OFICIS B&B
40-60 €
c/ dels Germans Busquets, 2
Tel. +34 972 22 81 70
www.bellsoficis.com

FONDA ALHAMBRA
50 €
Basssegoda, 18
Tel. +34 649 94 51 31
www.hostel-alhambra-girona.com

BORRÀS
40 €
Travessera Auriga, 6
Tel. +34 972 22 40 08

MERCÈ
40 €
c/ Sant Ignasi, 11
Tel. +34 972 20 30 28

VILADOMAT
65 €
c/ dels Ciutadans, 5
Tel. +34 972 20 31 76

ANDERE UNTERKÜNFTE

JUGENDHERBERGEN
Gehört zum Netz der Jugendherbergen der Generalitat de Catalunya.
20 €
c/ dels Ciutadans, 9
Tel. +34 972 21 80 03

APARTAMENTS HAP-DREAMS
75-100 € (4 Personen).
c/ del Portal Nou, 28
Tel. +34 972 20 35 25
www.hap-dreams.com

BELLS OFICIS B&B
50-75 €
c/ Germans Buquets, 2
Tel. +34 972 22 81 70
www.bellsoficis.com

APARTAMENTS QUÍMICS
100-120 €
c/ de Maria Josepa Arnall, 3
Tel. +34 972 06 88 10
www.quimics.com

APARTAMENTS RIVERSIDE
100 € (4 Personen).
c/ de les Ballesteries, 23, 2
Tel. +34 655 34 12 58
www.gironariverside.net

GIRONA CENTRE APARTAMENTS
100-120 €
Rambla LLibertat, 43
Tel. +34 972 29 60 73
www.gironacentre.com

CASA CÚNDARO
80 €
Pujada de la Catedral, 7
Tel. +34 972 22 35 83
www.casacundaro.com

ROOMINGIRONA
30-50 €
c/ de Santa Clara, 9
Tel. +34 972 46 64 80
www.roomingirona.com

GIRONA APARTAMENTS
70-90 € (4 Personen).
Plaça de Rafael Alberti, 1
Tel. +34 972 22 35 83
www.gironaapartments.com

GIROROOMS
80 €
c/ de la Barca, 19
Tel. +34 972 41 63 91
www.girorooms.com

L'ENCANT DE LA RAMBLA
100 € (4 Personen).
Rambla de la Llibertat, 15
Tel. +34 680 22 26 92
www.encantrambla.com

SLEEP IN GIRONA
80 €
c/ dels Ciutadans, 13
Tel. +34 972 22 35 83
www.sleepingirona.com

GIRONALET
80 €
c/ Juli Garreta 25 B
Tel. +34 690 69 14 37
www.gironalet.com

ATHENOU
70 €
c/ Portal Nou, 16
Tel. +34 607 08 05 56
www.athenou.com

KLOSTER SANT DANIEL
50 € Vollpension.
c/ Sant Daniel, 57
Tel. +34 638 97 72 56
www.santdaniel.com

TOURISTEN-INFORMATION

Touristeninformation
Rambla Llibertat, 1
Tel. +34 972 01 00 01
www.girona.cat/turisme

Begrüßungspunkt
c/ Berenguer Carnicer, 3
Tel. +34 972 21 16 78

Städtisches Informationsbüro
Tel. +34 972 41 90 10
www.girona.cat/ic

Touristeninformation Generalitat
Tel. +34 972 22 65 75
www.catalunya.com

Touristeninformation Costa Brava
Tel. +34 972 20 84 01
www.costabrava.org

ÖFFENTLICHE TRANSPORTMITTEL

Renfe (Eisenbahn)
Tel. +34 902 32 03 20
www.renfe.es

Omnibusbahnhof
Tel. +34 972 21 23 19

Städtische Omnibusse
Tel. +34 972 24 50 12

Taxis
Tel. +34 972 22 23 23 | 972 20 33 77
www.taxigirona.es

AUTOVERMIETUNG

Avis
Tel. +34 902 18 08 54
www.avis.es

Enterprise
Tel. +34 972 22 13 64
www.entreprise.es

Europcar
Tel. +34 902 50 30 10
www.europcar.es

Hertz
Tel. +34 902 40 24 05
www.hertz.es

Marius
Tel. +34 972 22 09 06
www.mariusrentacar.com

LINIENBUSSE

Sarfa
Tägliche Verbindung zur Costa Brava, Barcelona, Figueres; nationale und internationale Linien.
Tel. +34 902 30 20 25
www.sarfa.com

Teisa
Tägliche Verbindung in die La Garrotxa und La Selva.
Tel. +34 972 20 02 75
www.teisa-bus.com

Barcelona Bus
Tägliche Verbindung nach Barcelona, Blanes, Tordera und Figueres.
Tel. +34 902 13 00 14
www.barcelonabus.com

Ampsa
Verbindungen nach Torroella de Montgrí und L'Estartit.
Tel. +34 972 21 63 53
www.ampsa.org

FAHRRADVERMIETUNG

Cicloturisme i Medi Ambient
Tel. +34 972 22 10 47
c/ Santa Eugènia, 11
www.cicloturisme.com

Bike Breaks
Tel. +34 972 20 54 65
c/ Mercaders, 14
www.gironacyclecentre.com

La Girocleta
160 Fahrräder, 260 Abstellplätze und 20 Fahrradstationen in der ganzen Stadt stehen denjenigen zur Verfügung, die sich gerne auf dem Fahrrad bewegen und diese Dienstleistung buchen. Sie können online **ein Tagesticket** buchen.
www.girocleta.cat

Servicestelle für die Benutzer von Girocleta
Busbahnhof von Girona
Tel. +34 972 21 91 81
Montags bis freitags, von 8 bis 19:30 Uhr.

FLUGHAFEN GIRONA-COSTA BRAVA

TELEFONISCHE AUSKUNFT

Tel. +34 902 40 47 04
www.girona-airport.net

INFORMATIONSSCHALTER AM FLUGHAFEN

Iberia
Tel. +34 901 11 15 00
www.iberia.com

Ryanair
Tel. +34 902 58 52 30
www.ryanair.com

Tourist Board Costa Brava
Tel. +34 972 20 84 01
www.costabrava.org

LINIENBUSSE (FLUGHAFEN)

Sagalés
Tel. +34 902 13 00 14
www.sagalesairportline.com

Girona-Flughafen
Ab Girona (Busbahnhof) von 5:00 bis 00:00 Uhr, stündlich Stunde.

Flughafen-Girona
Ab Flughafen von 5:30 bis 00:30 Uhr, stündlich Stunde.

AUTOVERMIETUNG AM FLUGHAFEN

Avis
www.avis.es | Tel. +34 902 18 08 54

Hertz
www.hertz.es | Tel. +34 972 18 66 19

Budget
www.budget.es | Tel. +34 902 09 02 49

Thrifty
www.thrifty.com | Tel. +34 972 96 60 96

Goldcar
www.goldcar.es | Tel. +34 965 23 31 79

FÜHRUNGEN

Die Stadtführer in Girona bieten thematische Routen zum Erforschen der Stadt sowie persönlich gestaltete Besichtigungen an.

Begrüßungspunkt
c/ Berenguer Carnicer, 3
Tel. +34 972 21 16 78
www.girona.cat/turisme

GIGS Girona Guide Services
Plaça Catedral, 8
Tel. +34 872 590 969
+34 619 335 848
www.gigsgirona.com

La Mosca Tours
Tel. +34 618 57 24 44
www.lamoscatours.com

GIRONA FREE WI-FI

Girona bietet kostenloses WLAN an, das "Girona Free Wi-Fi", und zwar im öffentlichen Raum an über 170 Orten in der Stadt. Um dieses kostenlose WLAN im öffentlichen Raum zu nutzen, müssen Sie eine Verbindung zwischen dem Netz und Ihrem mobilen Endgerät herstellen und sich registrieren, um ein Passwort zu erhalten.

Ticket M6 GIRONA MUSEUS

Mit dem Sammelticket Girona Museus können Sie sechs Museen der Stadt zu einem sehr günstigen Preis besuchen. Sie müssen im ersten Museum den gesamten Eintrittspreis zahlen, in den übrigen zahlen Sie nur 50 %. Dieses Sammelticket ist 6 Monate gültig.

www.gironamuseus.cat

GIRONA 10

Es ist möglich, den Zauber der Stadt Girona auch zu einem günstigen Preis zu entdecken! **Girona10** bietet seinen Besuchern am letzten Januarwochenende über 1200 Hotelplätze und 15000 Menüs in Restaurants der Stadt an, die nur 10 Euro kosten. Die meisten Geschäfte und Kulturzentren nehmen ebenfalls an dieser Werbeaktion für den Tourismus teil, indem sie alle Arten von Preisnachlässen und Kampagnen anbieten. Sie finden alle Informationen, mit denen Sie Ihre Reise nach Girona im Januar planen können, unter:

www.girona10.net

SOZIALE NETZWERKE

- @turisme_gi
- gironaturismetv
- turismegi
- turisme_gi
- girona_cat

APP'S

- Girona App
- Girona Hotels
- Temporada Alta
- Layar [era Girona]

ZEICHENERKLÄRUNG

- Tourstenbüro
- Post
- Kirche
- Museen
- Hotel
- Parking
- Bahnhof
- Autobus
- Taxi
- Polizei

MAßTAB

0 — N — 150 m

PARC DE LES RIBES DEL TER
Riu Ter
Pont de la Barca
Avinguda de França
Pont de vianants
Passeig de les Ribes del Ter
Parc de la Devesa
Estadi Fèlix Farró
Passeig de la Sardana
Jardins del Roserar
WC
Caseta de la Devesa
Rotonda del Rellotge
Tir Olímpic
Hípica
Piscina
Instal·lacions esportives municipals
Estadi de Mart
Passeig de la Devesa
Plaça del riu Güell
Passeig de la Devesa
C. de Figuerola
C. dels Artillers
Gran Via Jaume
C. M. Blay
C. de Joaquim Vayreda
C. Impressors Bro
Plaça de Mutermilch
C. de Pau Casals
C. del riu Güell
C. de Francesc Rogés
C. de Ramon Turró
Ronda de Ferran Puig
C. de Bonastruc de Porta
Plaça de l'U d'Octubre de 2017
C. de la Sèquia
Gran Via Jaume
C. de la Pre
C. de Figuer

Castell de Montjuïc
Jardins de Pedret
C. de Pedret
C. de Palafrugell
C. de Palamós
Policia Nacional
C. Portal de França
C. de Sant Pau
C. de Montjuïc
Jardins de l'Àngel
C. de l'Àngel
Plaça de Sant Pere
Pont de Pedret
C. Rosa
Capella de Santa Llúcia
Jardins de John Lennon
Carrer de Bellaire
Capella de Sant Nicolau
Plaça de Santa Llúcia
C. de Santa Llúcia
Pujada del Castell
Riu Onyar
C. de la Barca
C. de Galligants
Museu d'Arqueologia
Plaça de Pou Rodó
C. de Pou Rodó
C. Portal de la Barca
C. de les Mosques
C. de Jaume Pons Martí
Sacsimort
Sant Pere de Galligants
Monestir de Sant Daniel
C. de Sant Daniel
Jardins del Dr. Figueres
C. de Samsó
Plaça dels Jurats
Pujada del Rei Martí l'Humà
Trasfigueres
Banys Àrabs
Pont de Sant Feliu
Plaça de Sant Feliu
Riu Galligants
WC
Passeig Arqueològic
C. de Ferran el Catòlic
Sant Feliu
Sant Lluc
Torre Júlia
Muralles
Vall de Sant Daniel
Passeig de la Reina Joana
C. de Berenguer Carnicer
Passeig de José Canalejas
C. Calderers
Claustre
Torre Carlemany
Casa Pastors
C. de Manaies
Jardins de la Francesa
Pujada de Sant Feliu
Plaça de la Catedral
Catedral
Plaça de Jaume Vicens i Vives
C. de Jeroni Real de Fontclara
Placeta Institut Vell
Pia Almoina
Plaça dels Apòstols
C. Bisbe Cartanyà
Portal de Sant Cristòfol
Museu d'Art
Jutjats
Museu d'Història
C. Cúndaro
Casa de l'Ardiaca
C. Pere Rocaberti
Jardins dels Alemanys
Pont d'en Gómez
Bisbat
Alemanys
Portal de la Reina Joana
Escales de la Pera
Plaça dels Lledoners
Casa Masó
Call
Torre del Llamp
C. de les Ballesteries
Correus
C. Sant Llorenç
Bellmirall
C. dels Alemanys
Museu d'Història dels Jueus
C. Claveria
C. Batlle i Prats
Barri Vell
Plaça de Sant Domènec
Les Àligues Universitat
Carrer Muralla
Plaça de l'Independència
C. de la Força
Prat
Oliva
C. Escola Pia
Sant Domènec
Pont de Sant Agustí
Farmàcia Saguer
C. Miquel
Pda. de Sant Domènec
Universitat
C. del Nord
Quatre Cantons
Plaça del Correu Vell
Casa dels Agullana
C. de Santa Clara
C. Blas de Fornàs
Carreras Peralta
Pda. de Sant Domènec
Sant Martí Sacosta
C. d'Argenteria
C. de la Cort Reial
Plaça dels Raïms
Plaça de l'Oli
C. del Sac
Torre de Sant Domènec
Pont de les Peixateries Velles
Voltes d'en Rosés
Portal Nou
C. d'Hortes
C. Besadó
Fontana d'Or
Església N. S. Carme
Diputació
Plaça de Josep Ferrater i Mora
C. G. Minali
C. Peixateries Velles
Pda. de Sant Martí
Escales d'en Onofre Pou
Plaça de les Castanyes
C. Neu
Plaça dels Mercaders
Església Santa Susanna
Riu Onyar
C. Obra
C. Olles
C. dels Ciutadans
Plaça de Federico Fellini
Escales de la Llebre
Plaça de Sant Josep
C. del General Peralta
Rambla de la Llibertat
C. Mercaders
C. de les Ferreries Velles
C. Arc
C. Pla i Cargol
Museu del Cinema
C. Perill
C. de Santa Clara
Casa Saliet
Arxiu Històric Provincial
Sales Municipals d'Exposicions
C. d'Abeuradors
Passatge Álvarez
Plaça del Vi
Ajuntament
Portal Nou
Torre

Instalacions esportives municipals
Estadi de Mart
Passeig de la Devesa
Plaça del riu Güell
C. de Figuerola
C. dels Artillers
Gran Via Jaume I
C. de Joaquim Vayreda
C. M. Blay
C. de Bonastruc de Porta
Ronda de Ferran Puig
C. de Ramon Turró
C. Impressors Bro
Plaça de Mela Mutermilch
C. del riu Güell
C. de Francesc Rogès
C. de Pau Casals
C. de la Prems
Plaça de l'U d'Octubre de 2017
C. de la Sèquia
C. de Cristòfol Grober
Plaça de Prudenci Bertrana
C. del Canonge Dorca
Impressors Oliva
C. d'en Tomàs Mieres
BARRI DEL MERCADAL
Pasatge de Massaguer
Caterina Albert
Plaça de Miquel de Palol
Plaça del Marquès de Camps
Plaça de la Diputació
C. de Santa Eugènia
C. de Bernat Boades
Passatge Farinera Teixidor
Casa Gispert Saüch
C. de Gaspar Casal
Trv. del Carril
Farinera Teixidor
C. de Francesc Civil
Plaça de l'Hospit
Santa Cat
Seu de General de Catal
Plaça del Poeta Marquina
Plaça de Joan Brossa
C. de F. Coll i Turbau
Casa de la Punxa
Policia Municipal
C. de Bernat Bacià
C. d'Ibèria
Parc Central
C. de Bailen
Carrer de Barcelona
AVE
Ferrocarril Renfe
Plaça d' Espanya
C. de Juli Garreta
C. de Joan Maragall
Estació d'Autobusos
C. del Bisbe Tomàs Sivilla
C. de Rafael Masó i Silva
Carrer del Bisbe Tomàs de Lorenzana
Plaça de Miquel Santaló

BARRI VELL
Museu d'Història dels Jueus
Farmàcia Saguer
Les Àligues Universitat
Sant Domènec
Universitat
Casa dels Agullana
Sant Martí Sacosta
Torre de Sant Domènec
Muralles
Fontana d'Or
Església N. S. Carme
Diputació
Església Santa Susanna
Museu del Cinema
Sales Municipals d'Exposicions
Casa Salieti
Arxiu Històric Provincial
Ajuntament
Teatre Municipal
Església dels Dolors
Auditori
Centre Cultural La Mercè
Mercat del Lleó
Plaça de l'Independència
Plaça de Catalunya
Plaça de Salvador Espriu
Plaça de Pompeu Fabra
Plaça de Calvet i Rubalcaba
Plaça dels Raïms
Plaça del Vi
Plaça de Sant Josep
Plaça de Federico Fellini
Plaça de Josep Ferrater i Mora
Plaça de Sant Domènec
Plaça de l'Oli
Plaça del Correu Vell
Plaça de Pallol
Plaça del Bell-Lloc
Plaça de Jacint Verdaguer
Plaça del General Marvà
Plaça de les Castanyes
Plaça dels Mercaders
Jardí de la Infància
Jardins de les Pedreres
Riu Onyar
Pont de Sant Agustí
Pont de les Peixateries Velles
Pont de Pedra
Pont de l'Areny
Passera de l'Alferes Huarte
Rambla de la Llibertat
Passatge Àlvarez
Pujada del Pont de Pedra
Passeig de Torre Muralla
Passeig del General Mendoza
Carrer Muralla
Torre del Socors
Escales d'en Onofre Pou
Escales de la Llebre
Portal Nou
Pujada de les Pedreres
C. de Pere III el Cerimoniós
C. dels Caputxins
C. del General Peralta
C. Canigó
C. Pirineu
C. Bellavista
C. de Julià Bolíbar
C. del Sol
C. del Univers
C. del Regiment de Baza
Pujada Torre Alfons XII
Pujada Polvorins
C. d'Isabel la Catòlica
C. de Ferrándiz i Bellés
C. Jaume Roca Delpech
C. de la Muntanya
C. del Carme
C. d'Ultònia
Travessia Canaders
C. Joan Maragall
C. de Ginesta
Sant Francesc
C. Croada
C. d'Albereda
Travessia de l'Auriga
C. Nou del Teatre
Pda. de la Mercè
P. Maria Gay i Tibau
C. Vern
Banyoles
C. de Troia
C. de les Beates
C. de Santa Clara
C. Perill
C. Obra
C. d'Hortes
C. del Nord
Anselm Clavé
C. d'Argenteria
C. Besadó
C. G. Minali
C. Peixateries Velles
C. Neu
C. Olles
C. Mercaders
C. de les Ferreries Velles
C. Arc
C. dels Ciutadans
C. Pla i Cargol
C. d'Abeuradors
C. de Sant Josep
C. Mora
C. Talam
C. Cort Reial
C. Blas de Fournàs
Carreras Peralta
Pda. de Sant Domènec
C. Escola Pia
Pda. de Sant Martí
C. del Sac
C. de la Força
C. Miquel Oliva
C. Claveria
C. Bellmirall
C. dels Alemanys
Sant Llorenç
C. les Ballesteries
Quatre Cantons
Voltes d'en Rosés
Folch
WC

MEDIZINISCHE HILFE

NOTFÄLLE TEL. 112

TEL. 061

CatSalut
Respon

Falls Sie Gesundheitsprobleme haben, können Sie **CatSalut**Respon jederzeit anrufen, durchgehend 24 Stunden am Tag während 365 Tagen im Jahr.

ÄRZTEZENTREN

HOSPITAL JOSEP TRUETA
Avinguda de França s/n
Tel. +34 972 94 02 00

Hospital Martí i Julià (Santa Caterina, Salt)	Tel. +34 972 18 25 00
Psychiatrisches Hospital	Tel. +34 972 18 26 00
CAP Güell (Fachärzte)	Tel. +34 972 21 07 08
CAP Can Gibert del Pla	Tel. +34 972 24 53 50
CAP Doctor Vilaplana	Tel. +34 972 22 76 36
CAP Montilivi	Tel. +34 972 22 52 84
CAP Santa Clara	Tel. +34 972 20 00 12
Clínica Girona	Tel. +34 972 21 04 00
Clínica Bofill	Tel. +34 972 20 43 50

NOTDIENSTAPOTHEKE

Tel. + 34 972 41 90 10
www.cofgi.com

ROTES KREUZ GIRONA

c/ Bonastruc de Porta, 13
Tel. +34 972 22 22 22

+ INFORMATION

Feuerwehr	Tel. 085 / +34 972 18 24 38
Polizei Mossos d'Esquadra	Tel. 088 / +34 972 18 16 00
Lokale Polizei	Tel. 092 / +34 972 41 90 92
Nationale Polizei	Tel. 091 / +34 972 22 00 25
Guardia Civil	Tel. 062 / +34 972 20 86 50
Maritime Notaufnahme	Tel. +34 900 20 22 02

© Triangle Postals SL
Sant Lluís, Menorca
Tel. +34 971 15 04 51
www.triangle.cat

Text
Gerard Bagué

Fotografien
© Jordi Puig
© El Celler de Can Roca, s. 12 (1), 144
© Josep M. Oliveres, s. 60 (2-3)
© Vador Minobis, s. 10 (1-2), 13 (3), 19 (1), 105 (3), 126 (2), 152

Grafikdesign
Joan Colomer

Layout
Vador Minobis

Übersetzung
Susanne Engler

Karthografie
© Triangle Postals

Druck
CEGE

In Barcelona gedruckt, 3-2019

Hinterlegung der Pflichtexemplare:
B-35942-2007

ISBN: 978-84-8478-294-0